A Fábula do Estado da Ilha

JOSÉ KOBORI

A Fábula do Estado da Ilha

COMO A ECONOMIA E OS MERCADOS FUNCIONAM

ALTA BOOKS
GRUPO EDITORIAL
Rio de Janeiro, 2024

A Fábula do Estado da Ilha

Copyright © **2024** STARLIN ALTA EDITORA E CONSULTORIA LTDA.

ALTA BOOKS é uma empresa do Grupo Editorial Alta Books (Starlin Alta Editora e Consultoria LTDA).

Copyright © **2024** José Kobori.

ISBN: 978-85-508-2143-6

Impresso no Brasil – 1ª Edição, 2024 – Edição revisada conforme o Acordo Ortográfico da Língua Portuguesa de 2009.

Dados Internacionais de Catalogação na Publicação (CIP) de acordo com ISBD

K75f   Kobori, José

A Fábula do Estado da Ilha: Como a Economia e os Mercados Funcionam / José Kobori. - Rio de Janeiro : Alta Books, 2024.
160 p. ; 15,7cm x 23cm.

Inclui bibliografia e índice.
ISBN: 978-85-508-2143-6

1. Economia. 2. Mercados. I. Título.

2023-1517   CDD 330
                                               CDU 33

Elaborado por Vagner Rodolfo da Silva - CRB-8/9410

Índice para catálogo sistemático:
1. Economia 330
2. Economia 33

Todos os direitos estão reservados e protegidos por Lei. Nenhuma parte deste livro, sem autorização prévia por escrito da editora, poderá ser reproduzida ou transmitida. A violação dos Direitos Autorais é crime estabelecido na Lei nº 9.610/98 e com punição de acordo com o artigo 184 do Código Penal.

O conteúdo desta obra fora formulado exclusivamente pelo(s) autor(es).

Marcas Registradas: Todos os termos mencionados e reconhecidos como Marca Registrada e/ou Comercial são de responsabilidade de seus proprietários. A editora informa não estar associada a nenhum produto e/ou fornecedor apresentado no livro.

Material de apoio e erratas: Se parte integrante da obra e/ou por real necessidade, no site da editora o leitor encontrará os materiais de apoio (download), errata e/ou quaisquer outros conteúdos aplicáveis à obra. Acesse o site www.altabooks.com.br e procure pelo título do livro desejado para ter acesso ao conteúdo.

Suporte Técnico: A obra é comercializada na forma em que está, sem direito a suporte técnico ou orientação pessoal/exclusiva ao leitor.

A editora não se responsabiliza pela manutenção, atualização e idioma dos sites, programas, materiais complementares ou similares referidos pelos autores nesta obra.

Grupo Editorial Alta Books

Produção Editorial: Grupo Editorial Alta Books
Diretor Editorial: Anderson Vieira
Editor da Obra: J. A. Ruggeri
Vendas Governamentais: Cristiane Mutüs
Gerência Comercial: Claudio Lima
Gerência Marketing: Andréa Guatiello

Assistente Editorial: Ana Clara Tambasco
Revisão: Fernanda Lutfi; Leandro Menegaz
Diagramação: Rita Motta
Capa: Karma Brandão
Ilustrações: Ronaldo Barata

Rua Viúva Cláudio, 291 – Bairro Industrial do Jacaré
CEP: 20.970-031 – Rio de Janeiro (RJ)
Tels.: (21) 3278-8069 / 3278-8419
www.altabooks.com.br – altabooks@altabooks.com.br
Ouvidoria: ouvidoria@altabooks.com.br

Editora afiliada à:

Sumário

INTRODUÇÃO vii

PARTE I
COMO A ECONOMIA FUNCIONA

1. PROPRIEDADE PRIVADA, ESTADO, MOEDA E DÍVIDA PÚBLICA 2
2. TAXA DE JUROS E INFLAÇÃO 8
3. TAXA DE CÂMBIO 14
4. INTERMEDIÁRIOS FINANCEIROS – A MAIOR PARTE DO DINHEIRO NÃO EXISTE 19
5. COMO A INFLAÇÃO PREJUDICA OS MAIS POBRES 24
6. FORMAÇÃO DE CAPITAL E AUMENTO DA PRODUTIVIDADE 30
7. O COMÉRCIO É BOM PARA TODOS 36
8. CUSTO DE OPORTUNIDADE E VANTAGEM COMPARATIVA 49
9. PRODUTIVIDADE 61
10. POUPANÇA E INVESTIMENTO 68

PARTE II
COMO OS MERCADOS FUNCIONAM

11. PAPEL-MOEDA 74
12. AÇÕES 80
13. COMO SURGIU A BOLSA DE VALORES 87
14. COMO FUNCIONA A BOLSA DE VALORES 93
15. COMO AS BOLHAS ESPECULATIVAS SE FORMAM 101
16. COMO FUNCIONA O MERCADO FUTURO 108
17. COMO FUNCIONA O MERCADO DE DERIVATIVOS 115
18. FUNDOS DE INVESTIMENTOS 122
19. TÍTULOS DA DÍVIDA PÚBLICA 131
20. COMO A ECONOMIA IMPACTA OS MERCADOS 137

BIBLIOGRAFIA 145
NOTA 146
ÍNDICE 147

INTRODUÇÃO

Para a maioria da população — não só do Brasil, mas do mundo todo — a ciência econômica parece indecifrável. Jornais, telejornais e a internet veiculam notícias sobre economia diariamente. Isso mostra que tudo aquilo que permeia nossas vidas e nosso cotidiano é afetado pelo ambiente macroeconômico.

Entender como a economia funciona é importante não só para especialistas, investidores e profissionais do mercado financeiro, mas para todos nós. Planejar nossas vidas, mesmo que seja a mais simples e humilde, depende do que acontece à nossa volta. Qualquer evento inesperado — seja ele de baixa ou de alta complexidade — afeta a economia. É nesse cenário que empresas "quebram", trabalhadores perdem o emprego, alimentos ficam mais caros e o padrão de vida de todos é impactado.

A dificuldade no entendimento da ciência econômica não é só dos leigos. Muitos dos que atuam na área da economia e no mercado financeiro têm a mesma dificuldade. A economia não é uma ciência exata, é uma ciência social. Na minha experiência de dez anos como professor de finanças do IBMEC, ministrei várias disciplinas nos MBAs da instituição. E ali pude perceber que os alunos dos programas de pós-graduação tinham dificuldades ao longo do curso porque lhes faltava o entendimento da economia.

Nos últimos anos em que estive nas salas de aula, ministrava a disciplina Fusões e Aquisições — uma das últimas da grade curricular. Sentindo que os alunos teriam dificuldades na minha disciplina, costumava utilizar as duas primeiras aulas para fazer um resumo do que eles tinham cursado até o momento. De maneira a tornar essa missão mais agradável para os alunos, sempre utilizei uma didática especial, pois dar aulas sempre foi um grande prazer para mim.

A leitura deste livro que o leitor iniciará nas próximas páginas nasceu no meu canal do YouTube e a minha intenção foi ensinar economia e finanças para leigos. Por diversas vezes, recebi comentários e elogios de pais contando que seus filhos — de aproximadamente 12 anos de idade — conseguiam aprender economia assistindo aos vídeos do meu canal, o que me deixou muito realizado. Tempos depois, a editora do meu livro sobre avaliação de ações me pediu para transformar essa série de vídeos em um livro. É isso que realizo agora.

Na **Parte I** explico sobre como a economia funciona.

O **Capítulo 1** — onde tudo começa — ensina sobre o surgimento do Estado, da propriedade privada, da moeda e da dívida pública.

No **Capítulo 2**, o leitor aprenderá sobre as causas da inflação e para que servem as taxas de juros.

O **Capítulo 3** explica sobre a taxa de câmbio e como é determinada a paridade de valor entre as moedas de diversos países.

No **Capítulo 4**, descobriremos como surgiram os bancos, qual é o papel dos intermediários financeiros e por que a maior parte do dinheiro não existe.

No **Capítulo 5**, entenderemos por que a inflação prejudica os mais pobres.

No **Capítulo 6**, vamos aprender que, para haver um crescimento econômico sustentável, são necessários a formação de capital e o aumento da produtividade.

No **Capítulo 7**, você entenderá por que a especialização faz com que o comércio seja bom para todos.

No **Capítulo 8**, aquilo que sempre pareceu complexo para a maioria das pessoas é explicado pelos personagens de forma simples. Custo de oportunidade e vantagem comparativa não serão mais conceitos abstratos.

No **Capítulo 9**, a história retoma o conceito de produtividade e reforça por que ela é tão importante.

No **Capítulo 10**, o professor ensina ao seu aluno que a poupança é importante porque propicia o acúmulo de capital e permite o investimento no crescimento da economia.

A **Parte II** se dedica a mostrar como os mercados funcionam. Os conceitos de finanças e de investimentos serão os assuntos das viagens dos personagens da fábula.

No **Capítulo 11**, a criação do papel-moeda é explicada pelo professor e novas ilhas entrarão na história.

O **Capítulo 12** mostra que o financiamento dos negócios e o crescimento dos mercados são os fatores que motivaram a criação das ações de empresas.

No **Capítulo 13**, a história evolui para a organização do mercado de ações com a criação da bolsa de valores.

No **Capítulo 14**, a curiosidade do habitante do Estado da Ilha leva o professor a explicar como funciona a bolsa de valores.

No **Capítulo 15**, o professor faz uma pausa para explicar ao seu aluno que nem tudo são flores. Como surgem as bolhas especulativas é o ensinamento da vez.

No **Capítulo 16**, a história tem tudo para começar a ficar complicada, mas o professor torna a explicação sobre o mercado futuro uma missão fácil de aprender.

No **Capítulo 17**, novos personagens surgem para ajudar o professor a explicar como funciona o mercado de derivativos.

No **Capítulo 18**, veremos como — devido ao crescente número de pessoas à procura de investimentos — surge a necessidade que leva à criação dos fundos de investimentos.

No **Capítulo 19**, o professor explica para o aluno como utilizar os títulos da dívida pública como investimento seguro e sua diferença de risco para outros ativos.

No **Capítulo 20** e final, o habitante do Estado da Ilha descobre como todos os conhecimentos que adquiriu com o professor vão ajudá-lo a entender como a economia impacta os mercados. Além disso, antes de se despedir, ele recebe um ensinamento final — surpreendente e o mais importante de toda a sua jornada!

Criei essa história em vídeo e, apesar de os personagens não serem animais, dei a ela o nome de Fábula. Agora a transformo em livro para que possa ser utilizado como instrumento de maior difusão desses conhecimentos. Espero que você aprecie a leitura.

José Kobori

PARTE I

COMO A ECONOMIA FUNCIONA

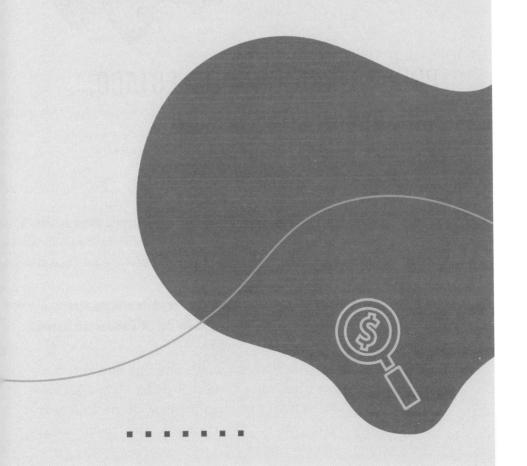

PROPRIEDADE PRIVADA, ESTADO, MOEDA E DÍVIDA PÚBLICA

Bem, entender de economia parece bastante complicado para a maioria das pessoas. Inflação, desemprego, taxa de juros, dívida pública, carga tributária... Afinal, como tudo isso se relaciona e por que somos tão afetados por esses assuntos?

Ao longo deste livro vou utilizar um exemplo simples para que o entendimento seja fácil. E vou chamá-lo de: A Fábula do Estado da Ilha.

Imagine que você se encontra numa ilha com outros cem habitantes e esteja nos primórdios desta civilização. Alguns dos habitantes são pescadores, outros plantam bananas, outros colhem cocos; uns plantam trigo, uns constroem cabanas e outros constroem barcos de pesca. Enfim, as atividades ali são apenas de subsistência. Não existe ainda uma moeda e as trocas são feitas por escambo — o pescador troca seus peixes por banana, outro paga pela construção da sua cabana com coco, o plantador de trigo compra um barco de pesca com seu trigo e assim por diante.

Tudo no Estado da Ilha transcorre bem até o dia em que o colhedor de coco — fisicamente mais forte que todos — resolve tomar à força as terras do plantador de trigo. E assim o faz. Os outros habitantes da ilha, temendo que a superioridade física de alguns venha a fazer com que a força prevaleça em detrimento da harmonia, se reúnem e encontram como solução a criação do Estado da Ilha para estabelecer algumas regras de segurança. Eles esperam, assim, garantir a convivência e a paz entre todos.

Aqui, um adendo para dizer que a garantia da propriedade privada está no cerne das obras de John Locke com os tratados sobre o governo civil.

Com a criação do Estado da Ilha, seus habitantes escolhem um presidente e elegem três representantes para que escrevam as regras que passarão a ser seguidas por todos. Depois, escolhem um juiz para fazer cumprir essas regras. Estão criados os três poderes da República da Ilha: o Executivo, o Legislativo e o Judiciário.

A primeira ação do Estado é criar uma moeda para facilitar as trocas que até então eram feitas por escambo. É criada a unidade da pedra, esculpida pelo novo governo que obriga todos os habitantes a utilizar a nova moeda. No jargão do mundo real, é o que chamamos de moeda de curso forçado.

Assim, por exemplo, um peixe custa duas pedras, meia dúzia de bananas custa uma pedra, cinco cocos uma pedra, uma cabana cinquenta pedras. O Estado da Ilha chega à conclusão de que, para manter o poder de compra da nova moeda, deve emitir as pedras em proporção igual à produção total da ilha de peixes, cocos, bananas, cabanas, trigo e barcos. Do contrário, haverá mais dinheiro do que produtos disponíveis, caso em que os preços relativos aumentarão.

"Uma conclusão lógica", pensou o novo governante. "Por exemplo, se eu emitir dez pedras e houver apenas dez peixes, cada peixe custará uma pedra. Se a produção de peixes não aumentar e eu emitir mais dez pedras, totalizando vinte pedras na economia, o preço de equilíbrio do peixe passará a ser de duas pedras. O preço terá dobrado ou — por outro ponto de vista — a unidade de pedra perderá metade do valor."

E assim foi criada a moeda da ilha.

Esses agora representantes do povo precisarão se dedicar em tempo integral às novas funções para governar a ilha. Eles não poderão mais ter a renda de pescador, agricultor ou construtor que tinham antes. Assim, os habitantes passam a pagar um imposto para poder remunerar os governantes e manter essa nova estrutura do recém-criado Estado da Ilha. Para que isso possa acontecer, passa a ser cobrado um tributo de 20% sobre a renda do trabalho de cada habitante.

Com a criação da moeda, os habitantes da ilha passam a conseguir poupar o excedente de produção. Isso antes não era possível, pois o peixe que não era trocado perecia, assim como as bananas, o trigo e os cocos. Agora, as pedras trocadas pelos excedentes poderiam ser armazenadas. Dessa forma, alguns habitantes começaram a formar uma poupança, e descobriram que ela poderia ser rentável se a emprestassem — cobrando uma taxa — para outros habitantes que necessitassem de recursos.

Na outra ponta, existiam esses habitantes que, para expandir os seus negócios, poderiam tomar emprestado dos que tinham poupança e pagá-los no futuro. Um exemplo seria o construtor de cabanas que precisa contratar mais gente para construir novas unidades, mas não têm recursos para comprar os materiais. Ele faria um empréstimo e o pagaria após a venda das cabanas. Para isso, ele estaria disposto a pagar uma taxa de juros sobre o dinheiro emprestado. Dessa maneira, a criação da moeda facilitou a troca e — além de incentivar a poupança — ampliou as oportunidades para poupar, permitindo a expansão de negócios.

Figura 1

MOEDA
- Facilita a Troca
- Permite a Expansão
- Amplia as Oportunidades
- Incentiva a Poupança

Com a evolução do mercado proporcionada pela moeda, logo surgiu um habitante empreendedor. Ele, notando a dificuldade que havia para que as necessidades se encontrassem — ou seja, o habitante poupador encontrar o habitante que necessita de empréstimos —, viu uma oportunidade de ser um intermediário financeiro. E assim ele criou a versão daquilo que conhecemos hoje como banco.

Figura 2

INTERMEDIÁRIOS FINANCEIROS
- Transforma Prazos
- Transforma Riscos
- Transforma Magnitudes de Capital
- Transforma Ativos Fixos em Ativos Líquidos

Ele abria contas de depósitos para os poupadores e emprestava a juros para os tomadores. Transformava prazos, riscos e magnitudes de capital entre as duas pontas. A criação desses novos contratos de empréstimos permitiu que recursos ociosos se tornassem produtivos — o que propiciou ganhos para o tomador e para o poupador.

Figura 3

CONTRATOS DE EMPRÉSTIMOS

- Permitem que recursos ociosos se tornem produtivos
- Propiciam ganhos para o tomador e para o poupador

Com o passar do tempo, já nas funções burocráticas do Estado, os governantes contrataram assessores para as novas funções. O presidente contratou um, os legisladores contrataram um cada um, e o juiz contratou mais um. Além disso, ele solicitou ao presidente a contratação de policiais para fazer cumprir as suas decisões. Assim, foram contratados três policiais, que era o mínimo necessário para poder prender um criminoso.

O antes enxuto Estado da Ilha de cinco servidores públicos, agora já contava com treze. Com o aumento da folha de pagamento do Estado, foi necessário aumentar os tributos que passaram a ser de 30% sobre a renda dos habitantes.

O Estado agora decidiu que era sua função manter a ilha limpa, fazer novas trilhas, construir um presídio etc. Mas ele não tinha recursos, pois toda sua arrecadação via impostos estava comprometida com a recém-aumentada folha de pagamento.

Para não aumentar ainda mais os tributos — visto que havia feito isso recentemente —, o Estado resolveu pedir dinheiro emprestado para a população da ilha. Para isso ele criou um título de dívida, ou seja, os habitantes poupadores poderiam emprestar seu dinheiro para o Estado em troca de uma taxa de juros. Nessa operação, foi criada a dívida pública.

Os poupadores, por meio do seu banco, tinham agora mais uma opção: emprestar dinheiro para o Estado em detrimento dos empreendedores. O Estado passou a ser o maior concorrente pelos recursos disponíveis na ilha. Quanto mais ele se endividava, menos dinheiro sobrava para os negócios produtivos dos habitantes da ilha.

No próximo capítulo, continuaremos aprendendo sobre economia com a evolução da *Fábula do Estado da Ilha*. Veremos como a inflação ocorre, por que as taxas de juros sobem e muito mais.

CAPÍTULO 2

TAXA DE JUROS E INFLAÇÃO

A partir da comunidade de uma centena de habitantes da nossa ilha imaginária — que desempenhava apenas atividades de subsistência e trocava os frutos de sua produção por meio do escambo —, evoluímos para a criação da propriedade privada, do Estado, da moeda e da dívida pública.

Passados alguns anos, estamos agora numa nova geração. A taxa de fertilidade é alta, e a ilha já soma mais de duzentos habitantes. Com o crescimento da população, surgem novas oportunidades, e os habitantes com espírito empreendedor aproveitam para criar novos negócios.

Um deles — seguindo o exemplo do intermediário financeiro — viu a oportunidade de ser um intermediário de produtos, pois isso facilitaria a vida de produtores e consumidores. Portanto, ele abre um mercado, comprando a produção dos produtores para revender aos consumidores. O mercado seria um local centralizado onde os habitantes da ilha encontrariam tudo que necessitassem, sem ter que procurar os produtores um a um.

Outro habitante criou um serviço de transporte para levar a safra dos produtores para o mercado da ilha. Um outro abriu uma fábrica de lenha, pois conseguiu convencer cada habitante que — apesar de pagar pela lenha que teoricamente era de graça — o tempo economizado ao não ter mais a obrigação de procurar lenha poderia ser dedicado à sua especialidade, o que seria mais rentável.

Os vários novos negócios criados aumentaram a riqueza total da ilha, já que os empreendedores ofereceram serviços que resultaram numa produtividade maior de todos os habitantes, além de gerarem mais empregos para a população. O Estado logo viu a oportunidade de tributar as novas atividades empreendedoras, e criou um novo imposto — agora sobre os negócios.

Os habitantes trabalhadores, os produtores e agora os empreendedores notaram que estava sobrando menos pedras após o pagamento de impostos ao Estado. Num raciocínio intuitivo, todos chegaram à mesma conclusão: o que importa no fim das contas é o saldo líquido, ou seja, quantas pedras sobram em suas mãos para fazer frente às necessidades de cada um.

Assim — cada um dentro de suas necessidades —, eles aumentaram os seus preços. Os trabalhadores, por sua vez, exigiram um salário maior. Os produtores passaram a cobrar mais pelos seus produtos, assim como os empreendedores.

Com a economia da ilha crescendo, a arrecadação do Estado também cresceu, e os governantes — sob o pretexto de prestar um bom serviço a uma população agora maior — contrataram mais assessores. Além disso, aumentaram seus gastos em outras áreas, mais até do que o necessário. As despesas do Estado aumentaram numa proporção maior que o crescimento de sua arrecadação de impostos. Isso gerou o que conhecemos como déficit orçamentário.

Os habitantes da ilha haviam, há pouco, eleito novos governantes na última eleição.

Esses novos governantes — seguindo com a necessidade de financiar a estrutura do Estado — resolveram pedir mais dinheiro emprestado para a população. Isso porque, além das novas despesas, havia as dívidas passadas que estavam vencendo e precisavam ser pagas.

Eles emitiram mais dívida para pagar a dívida anterior — operação conhecida como rolagem da dívida. Ademais, fizeram novas dívidas para suportar o crescimento da máquina pública.

Figura 4

- Letras do Tesouro da Ilha
- Letras Financeiras da Ilha
- Notas do Tesouro da Ilha

Feitas as contas, a dívida pública aumentou consideravelmente.

Essa situação começou a se refletir na economia da ilha, pois cada vez mais dinheiro — que poderia ir para o financiamento da produção, por exemplo — estava agora indo para financiar a dívida pública do Estado da Ilha. Dessa forma, uma economia que estava forte foi desaquecendo até entrar em crise.

Com a crise se agravando, os negócios pararam de crescer e os consumidores começaram a restringir os seus gastos. Uma das formas de restrição foi voltar a comprar direto dos produtores por um preço menor. Consequentemente, o negócio do empreendedor do mercado diminuiu, obrigando-o a demitir alguns trabalhadores. Muitos habitantes da ilha passaram a procurar a própria lenha, então o negócio do empreendedor da lenha também diminuiu e ele precisou demitir uma parte de seus funcionários.

A economia da ilha encolheu. Havia menos consumo, menos produção e menos serviços.

Figura 5

Recessão Econômica

Todos agora estavam apertando os cintos. Menos o Estado, que permaneceu com suas despesas no mesmo nível, ainda que sua arrecadação tivesse reduzido com a crise. Em pouco tempo a situação das contas públicas do Estado da Ilha ficaram insustentáveis.

Como os habitantes estavam sem dinheiro e abatidos pela crise, não adiantaria o governo pedir mais dinheiro emprestado para a população. Então, o novo governo teve uma brilhante ideia.

Como o Estado tinha o poder de criar dinheiro, a solução seria esculpir mais pedras. Assim, poderiam utilizá-las para pagar a dívida pública que estava vencendo e para financiar os gastos correntes do governo.

O novo governo não tinha a mesma percepção do governo passado. A produção da ilha havia diminuído com a crise. Com essa injeção de mais dinheiro na economia, e agora com menos produtos, simplesmente havia quantidades muito maiores de pedras. Dessa forma, no limite das transações comerciais — quando todos os produtos foram vendidos e comprados —, os preços subiram, com o dobro de pedras para a metade dos produtos. Parecia bastante lógico que isso aconteceria.

Figura 6

EXPANSÃO MONETÁRIA

Mas o governo não se importou com os efeitos colaterais negativos da sua decisão.

Com os preços subindo sem nenhum controle, a população ficou muito insatisfeita, pois comprava bem menos produtos com a mesma quantidade de pedras. Uma inflação muito alta estava em curso:

uma pedra que comprava seis bananas no passado, agora comprava apenas uma. O governo se viu pressionado pelos habitantes da ilha a combater esse aumento de preços.

Figura 7

Um membro do Estado com um pouco mais de conhecimento lógico deu um conselho ao presidente da Ilha:

— O que está fazendo os preços subirem é a quantidade de pedras na economia — ele disse. — Precisamos retirar uma boa parte dessas pedras de circulação.

O presidente quis saber como fazer isso.

Esse membro, então, orientou o presidente a pedir mais dinheiro emprestado para população, pois assim tiraria uma boa parte das pedras de circulação. E, para convencer os habitantes a confiar num Estado com a credibilidade em baixa — ou seja, com um risco maior —, seria preciso oferecer uma remuneração melhor. Para isso, era só aumentar a taxa de juros paga no empréstimo.

Dessa forma, o presidente emitiu mais dívida e, para conseguir vendê-la para a população, subiu a taxa básica de juros da ilha.

Após esses fatos, o Estado descobriu o que gerava o aumento de preços, ou seja, a inflação. Era o excesso de moeda — pedras em circulação —, também conhecido como excesso de liquidez. E aprendeu como combater essa inflação: aumentando a taxa de juros.

Figura 8

Taxa de Juros
Principal Instrumento de Política Monetária

O Estado só não tinha aprendido ainda que quem paga a taxa de juros é ele próprio; e, no fim das contas, uma taxa de juros maior aumenta o custo da dívida pública. Isso parecia bastante óbvio, mas não para os governantes da ilha.

O Estado não tinha percebido a espiral sem fim em que havia se metido. Ele precisava pagar os gastos públicos e, como a economia e consequentemente a arrecadação da ilha iam mal, as contas não fechavam.

Figura 9

Déficit Primário
Despesas maiores que as receitas
(*Sem considerar os juros da dívida*)

Como durante a crise os habitantes não conseguiam mais comprar a dívida do Estado — ou seja, emprestar mais dinheiro para o governo —, a maneira de fechar essa conta era emitir mais dinheiro, ou melhor, esculpir mais pedras.

Mais pedras para menos produtos gerava inflação. Para combater a inflação, aumentava-se a taxa de juros. Com taxas de juros maiores, a dívida aumentava cada vez mais.

Um acontecimento novo na ilha nos fará aprender mais sobre economia. No próximo capítulo, nossa história vai evoluir e conheceremos mais sobre câmbio e outros assuntos.

CAPÍTULO 3

TAXA DE CÂMBIO[1]

Nossa ilha estava sofrendo com a crise econômica. A inflação corroía o poder de compra dos habitantes e as taxas de juros inviabilizavam os negócios. Além disso, o governo não conseguia encontrar uma solução.

Num belo dia, uma embarcação desconhecida aportou na ilha. Um primeiro contato foi estabelecido com a tripulação daquele barco estranho. Depois de um receio inicial, ficou claro que a ilha era desconhecida para os tripulantes do barco. E, após a tripulação revelar que vinha de uma ilha mais distante ao norte, foi possível perceber que ela também era desconhecida pelos habitantes da ilha.

Vamos chamar a Ilha do Norte apenas como Estado do Norte.

Após alguns dias conhecendo a ilha — e sem qualquer hostilidade — os tripulantes do barco do Estado do Norte foram embora levando a novidade para o seu povo.

Nesses dias de contato, os dois povos trocaram muitas informações e percepções entre si. Os habitantes da ilha acharam o povo do Estado do Norte saudável e educado — sentiram até que eles eram mais evoluídos. Os habitantes do Estado do Norte, por sua vez, notaram que a nova ilha estava em crise, e sofrendo inclusive com um certo nível de desabastecimento.

Não tardou para eles aproveitarem essa nova oportunidade de negócios. Passado pouco mais de um mês, dois barcos retornaram ao Estado da Ilha, desta vez carregados de bananas.

Eles venderam o carregamento inteiro aceitando a moeda local, ou seja, pedras esculpidas pelo Estado da Ilha. Uma banana por uma pedra — que era o preço local.

Figura 10 - Uma pedra do Estado da Ilha valia uma banana

Ao retornarem, já em alto mar, a tripulação comentou entre si sobre a estranheza que sentiam acerca da diferença no valor das moedas da Ilha em relação ao Estado do Norte.

No Estado do Norte a moeda era o cobre, e uma moeda de cobre comprava seis bananas.

Figura 11 – Uma peça de cobre do Estado do Norte valia seis bananas

Tudo era novo para o povo do norte também. Eles haviam aceitado as pedras pensando numa oportunidade futura de retornar à ilha e comprar produtos para levar ao Estado do Norte.

Dois meses se passaram e os visitantes ainda não tinham retornado. Como os habitantes da ilha desejavam mais bananas, formaram duas tripulações e navegaram em direção ao norte para comprá-las.

Chegando no Estado do Norte, aproveitaram para passar uns dias por lá e conhecer a nova ilha. Descobriram que a economia do norte não estava em crise e, ademais, parecia ser também uma ilha mais desenvolvida. Em conversas com os locais, ficaram sabendo que lá não havia inflação e as taxas de juros eram baixas, o que propiciava mais negócios na Ilha do Norte.

Ao perguntarem o preço da banana, foram informados que uma moeda de cobre comprava seis bananas. Coincidentemente, era o mesmo preço que fora utilizado no passado no Estado da Ilha — meia dúzia de bananas por uma pedra.

Eles queriam percorrer a nova ilha em busca de bananas suficientes para abastecer o Estado da Ilha por algum tempo, mas havia um problema: lá não aceitavam pedras.

Saíram então à procura dos comerciantes que haviam visitado o Estado da Ilha, pois eles aceitariam suas pedras, já que as aceitaram quando foram à ilha vender suas bananas.

Quando os encontraram — para conseguir trocar as pedras pelas moedas de cobre —, foi preciso estabelecer a taxa de câmbio: seria de seis pedras por uma moeda de cobre. Isso porque, como uma pedra comprava uma banana na ilha, para comprar seis bananas no

Estado do Norte eles precisariam de seis pedras ou de uma moeda de cobre.

Assim, trocaram as pedras pelas moedas de cobre e foram em busca das bananas no comércio vizinho.

Ao retornarem com o carregamento de bananas para o Estado da Ilha, também refletiram sobre a diferença de valor entre as moedas. Após muita discussão, chegaram à conclusão de que, se a terrível inflação que assolava o Estado da Ilha há tempos não houvesse tirado o poder de compra da pedra, eles ainda poderiam comprar seis bananas com uma pedra — e as moedas teriam o mesmo valor.

Figura 12 – A taxa de câmbio

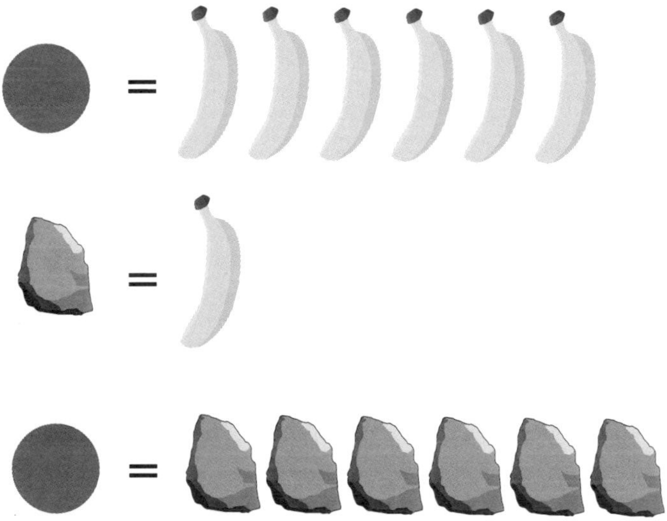

A conclusão a que eles chegaram é o que os economistas chamam de Paridade de Poder de Compra (PPC). Foi esse conceito que originalmente definiu que a taxa de câmbio de um país tende a se desvalorizar na mesma proporção que aumenta o nível dos preços.

Figura 13

Paridade de Poder de Compra - PPC

O padrão-ouro também definia a taxa de câmbio quando cada país era obrigado a ter suas moedas lastreadas nas reservas de ouro. No início, era uma paridade de um para um; no entanto, isso foi se alterando por diversos motivos. E, acredite ou não, apesar de a explicação ser mais complexa, no fim é a mesma coisa que aconteceu com as bananas...

CAPÍTULO 4
▪ ▪ ▪ ▪

INTERMEDIÁRIOS FINANCEIROS — A MAIOR PARTE DO DINHEIRO NÃO EXISTE

Após retornarem da viagem ao Estado do Norte, os habitantes da ilha ainda estavam intrigados com a diferença no valor das moedas, e como aquilo era possível. Tudo era muito novo — os conhecimentos ainda eram muito superficiais para o jovem Estado da Ilha. A inflação parecia ser um fenômeno conhecido, mas o entendimento dos mecanismos que causavam a magnitude da desvalorização, não.

Passado algum tempo, uma nova viagem dos comerciantes do norte chegou à ilha, desta vez com uma comitiva maior. A descoberta deste novo vizinho mais ao sul abriu muitas oportunidades para todos os empreendedores do Estado do Norte.

Essa nova missão comercial gerou mais oportunidades de trocas — principalmente de conhecimento —, que era o que importava para alguns habitantes da ilha mais interessados em entender como os vizinhos do norte se tornaram tão prósperos.

Descobriram que um dos integrantes da comitiva — o mais velho deles—, um senhor de 80 anos, não era apenas comerciante, era também professor. Além disso, era considerado um sábio pelo seu povo.

Um dos habitantes da ilha, ávido por conhecimento, logo tratou de fazer amizade com ele, e hospedou o professor em sua cabana.

Nos dias seguintes, conversaram bastante ao longo dos jantares. Durante um deles, o habitante da ilha perguntou como eles faziam para manter o poder de compra da sua moeda. Entre uma garfada e outra, o professor então perguntou se todo o dinheiro depositado no banco da ilha era utilizado pelo banqueiro para fazer seus negócios.

Diante da resposta positiva, o professor disse a ele que esse era um problema muito grave. Curioso, o habitante quis entender por que ele via nisso um problema grave. Então, o professor explicou:

— Se você deposita cem pedras no seu banco, ficará registrado lá na sua conta que você tem cem pedras. Se o banco emprestar essas cem pedras para outros habitantes que estejam precisando delas para expandir seus negócios — por exemplo, cinquenta pedras para o construtor de cabanas e cinquenta pedras para o produtor de bananas —, eles também terão disponíveis nas suas contas essas cem pedras, certo?

— Sim — respondeu o anfitrião.

— Agora serão duzentas pedras disponíveis para uso, cem pedras suas e mais cem pedras deles. Porém, a quantidade de pedras reais é apenas cem — que foram depositadas por você.

O habitante da ilha ficou assustado, e o professor continuou:

— Digamos que o construtor e o produtor não utilizem imediatamente essas cem pedras, e as deixem depositadas esperando um melhor momento para utilizá-las — por exemplo, um período com um clima melhor para plantar as bananas e para construir cabanas. O banco tem agora duzentas pedras contabilizadas em suas contas. Se aparecerem mais candidatos a tomar empréstimos, ele emprestará. Digamos que o banco empreste mais cem pedras para outros habitantes.

— Olha só — diz o professor —, suas cem pedras que existem fisicamente foram transformadas em trezentas pedras. Agora você tem cem pedras no saldo da sua conta, o construtor e o produtor mais cinquenta pedras cada um no saldo da conta deles, e os novos tomadores de empréstimos mais cem. Esse processo vai se repetir infinitamente, sem nenhum controle. Existem muito mais pedras na economia da ilha do que realmente foram lapidadas fisicamente.

Diante dessa constatação, o habitante da ilha ficou perplexo. Além da criação de moeda pelo Estado, ainda existia esse mecanismo de multiplicação do dinheiro — que era desconhecido pelos habitantes e pelos governantes do Estado da Ilha.

Foi como se um novo mundo de conhecimento se abrisse para ele naquele momento. Agora tudo parecia muito lógico: se a moeda é infinita, então a inflação também será. O habitante do Estado da Ilha precisava fazer algo para ajudar o seu povo, pois aquela parecia ser a explicação para as mazelas da ilha. Se a invenção da moeda havia facilitado a vida de todos, a falta de controle dela seria a destruição.

A queda no poder de compra da moeda já era explicada pela alta inflação na ilha, ou seja, uma maior a quantidade de pedras para uma quantidade menor de produção de bens e serviços — que estava estagnada há tempos. Mas a criação de moeda que não existe, pelo banco da ilha, era desconhecida.

O habitante quis saber como o Estado do Norte evitou esse problema. O professor — que já estava comendo raspas de coco de sobremesa — disse que eles quase deixaram isso acontecer. A Ilha do Norte era um pouco mais antiga, e ele quando jovem foi chamado a aconselhar o governo da época.

O professor, com um raciocínio à frente do seu tempo, aconselhou o governo a criar uma regra para o banco da Ilha do Norte. O banco não poderia emprestar todo o dinheiro que fosse depositado nele. Ele deveria deixar metade reservada numa conta em nome do governo, e não poderia dispor dessa parte para fazer negócios. Isso, matematicamente, tiraria o poder de multiplicação do dinheiro.

Mas esse não foi o único conselho.

— O principal — disse o professor —, foi dizer para o governo que, a cada cem moedas de cobre que ele criasse, era como se colocasse em circulação uma quantidade muito maior. Pois, mesmo com essa regra, o banco poderia multiplicar esse valor por dois, ou seja, de cada cem moedas de cobre que ele cria, é como se injetasse duzentas na economia.

Neste momento, o habitante da ilha, sem nenhum conhecimento matemático, engasgou-se com a sobremesa. Como o professor sabia exatamente o valor multiplicado?

O professor, rindo da situação, explicou em detalhes antes de dar a fórmula. Isso porque ele havia notado, devido à sua expressão, o completo desconhecimento matemático do seu anfitrião.

— Veja bem, a primeira pessoa deposita 100 moedas. Como o banco só poderá utilizar a metade — 50 moedas —, é isso que ele faz. Das próximas 50 ele só poderá utilizar metade — 25 —, e assim sucessivamente.

— Então é só somar a capacidade do banco de utilizar essas moedas. Até o valor não ser mais utilizável... menos de um centavo... a soma total desses valores será de duzentas moedas.

Figura 14 – A soma total dos valores será duzentos

$$100 + 50 + 25 + 12,5 + 6,25 + 3,12 + 1,56 + 0,78 \ldots = 200$$

O professor então explicou que esse cálculo é mais fácil de se fazer por meio de uma fórmula matemática que ele havia criado.

Figura 15

Multiplicador bancário

M = 1/R

R = Taxa de depósito compulsório

O poder de multiplicação é a razão da moeda criada e a quantidade estipulada pelo governo que o banco não poderia utilizar.

Figura 16

No caso do estado do norte dado pelo professor:

M = 1/R
M = 1/0,5
M = 2

Nesse caso, o multiplicador seria dois. Por isso ele sabia que, de cada cem moedas de cobre, o banco criaria mais cem, totalizando duzentas.

Aquela havia sido a melhor noite da vida do habitante da ilha; não só pela agradável companhia do professor, mas pelo mundo novo de conhecimentos que se abriu à sua frente. Ele ficou maravilhado com os conhecimentos adquiridos durante o jantar e se sentiu privilegiado. Estava não só ansioso para contar aos outros habitantes, mas também para aconselhar os governantes do Estado da Ilha.

Aqueles não seriam os únicos ensinamentos que ele receberia do professor, mas isso fica para o próximo capítulo.

CAPÍTULO 5

COMO A INFLAÇÃO PREJUDICA OS MAIS POBRES

Após aquela noite de descobertas, todos foram descansar e, no dia seguinte, o habitante da ilha relembrava tudo que fora ensinado pelo professor. Ele havia compreendido como se dava a multiplicação do dinheiro e seus efeitos sobre os preços dos produtos, mas o fenômeno da inflação e suas mazelas ainda não estavam completamente claros.

Ele não via a hora de chegar a noite para que pudesse tirar ainda mais proveito dos conhecimentos do seu sábio hóspede.

Já no jantar, sentados em volta dos pratos, o habitante da ilha quase não conteve a sua ansiedade, mas conseguiu aguardar o professor terminar de saborear o delicioso peixe preparado por sua esposa. Logo que pôde, puxou conversa com o professor; ele queria entender por que alguns habitantes sofriam mais com a inflação do que outros.

O professor, com a paciência que a avançada idade lhe havia conferido e sabendo que esse assunto era completamente desconhecido para o povo do Estado da Ilha — e por essa razão a explicação deveria ser detalhada e simples —, então perguntou se a estrutura do estado representava uma parcela considerável da economia da ilha.

Diante da resposta positiva do seu anfitrião, e antes de iniciar o seu diagnóstico, ele continuou fazendo perguntas para entender um pouco mais sobre o cenário econômico da ilha.

Ele queria saber se o governo apresentava déficit nas suas contas — ou seja, se gastava mais do que arrecadava de impostos — e, se para pagar essa diferença, ele emitia dívidas. De forma simples, ele perguntou se o governo pedia dinheiro emprestado para a população. E se, mesmo gastando mais do que arrecadava, o governo não diminuía suas despesas.

Diante de todas as respostas positivas por parte do habitante da ilha, ele perguntou se, quando não conseguia pagar as dívidas vencidas com a população, o Estado usava a alternativa de emitir mais dinheiro, ou seja, esculpir mais pedras e utilizá-las nos pagamentos.

Novamente, as respostas foram positivas. O professor então disse para o seu anfitrião que, em algum momento no passado, o Estado do Norte também passou por isso. Dessa forma, os conhecimentos que ele detinha eram por experiências passadas.

Contou para o habitante da ilha que seus antepassados criaram o Estado do Norte diante da necessidade de impedir a violência. Além disso, visava garantir as terras de cada habitante do norte, pois estava prevalecendo a lei dos mais fortes — ou seja, os mais fracos perdiam suas terras, e alguns a própria vida.

Neste momento, o anfitrião o interrompeu para dizer que o Estado da Ilha havia sido criado com o mesmo propósito. Ele também contou o evento que levou à criação — quando o colhedor de coco tomou à força as terras do plantador de trigo.

O professor fez então a primeira constatação da noite. A função do Estado é impedir a violência e garantir as terras dos seus habitantes. Ou seja, a garantia da propriedade privada e das liberdades individuais.

Ele seguiu contando a história do Estado do Norte. Após a criação do Estado, e passado algum tempo, os governos que se seguiram foram aumentando o número de trabalhadores pagos com o dinheiro público. Eles também assumiram funções que não foram originalmente delegadas ao Estado pelo povo do norte.

— Ainda muito jovem — disse o professor — notei que o Estado não tinha o mesmo cuidado com o dinheiro que teria qualquer habitante do norte. E isso me pareceu bastante lógico, já que ninguém utiliza melhor o dinheiro — ou seja, de forma mais eficaz — do que aquele que suou para ganhá-lo.

Esse foi o segundo ensinamento da noite. O Estado não produz riqueza, ele a toma por meio de impostos daqueles que produzem — trabalhadores e empreendedores. Logo, ele não terá o mesmo zelo pelo dinheiro que aquele que o produziu.

O habitante da ilha admirava cada vez mais a sapiência do seu ilustre hóspede, que prosseguia com os ensinamentos.

Continuou o professor:

— Quando o povo passa por dificuldades financeiras, ele faz seus sacrifícios para ajustar o orçamento. Economiza na alimentação, corta alguns gastos familiares, usa menos lenha, trabalha mais; enfim, cada um se vira como pode.

O habitante da ilha, se vendo exatamente naquela situação descrita pelo professor, só balançava a cabeça em concordância.

— O Estado nunca age como o povo ou como cada um de nós individualmente — prosseguiu seu hóspede.

Neste momento, o anfitrião interrompeu o professor perguntando:

— Por que o Estado não age como o povo se isso parece tão óbvio?

O professor respondeu:

— Se você pudesse gastar mais do que ganha e, ao pedir dinheiro emprestado, sempre tivesse alguém para te emprestar, você comeria menos e trabalharia mais?

O habitante esbugalhou os olhos como se uma luz se acendesse na sua cabeça.

O professor prosseguiu:

— E se, em algum momento, ninguém quisesse mais te emprestar dinheiro, mas você tivesse o poder de fabricá-lo, você comeria menos e trabalharia mais?

O habitante abriu aquele mesmo sorriso do dia anterior. O sorriso de quem descobriu algo que ninguém conhecia — ninguém da sua ilha, claro.

Então seu sábio hóspede continuou:

— Quando o Estado está na mesma situação de aperto — como qualquer um de nós —, age de forma diferente. Se nós, quando temos nossa renda diminuída por desemprego ou por inflação — que tiram o poder de compra da nossa moeda, que é a mesma coisa que diminuir nossa renda —, comemos menos e trabalhamos mais, seria o correto que ele também comesse menos e trabalhasse mais.

Agora, o habitante da ilha ficou sem entender:

— Como assim, o Estado comer menos e trabalhar mais?

— Ora — disse o professor —, se ele está gastando mais do que arrecada, é preciso diminuir seus gastos. Um exemplo disso seria diminuir o número de assessores do Estado. E trabalhar mais é produzir o mesmo com um número menor de pessoas. É a mesma coisa.

— O Estado é como a empresa de produzir bananas aqui da ilha. Se a economia vai mal, a empresa não diminui seus trabalhadores e tenta produzir a mesma coisa com menos gente?

— Sim — concordou seu anfitrião. — Então, você se lembra do que eu disse há pouco? O Estado não faz isso porque ele não suou para ter o dinheiro. Então ele não terá o mesmo zelo com as contas públicas que você tem com as suas contas de casa. Além do mais, ele pode pedir emprestado. E, quando ninguém mais quiser emprestar, ele pode simplesmente fabricar dinheiro. Fácil não é mesmo?

Agora, a única coisa que o habitante da ilha sentia era um nó na cabeça. Ele havia entendido como o aumento de preços ocorria — pelo aumento de dinheiro na economia sem a contrapartida de aumento na produção da ilha — e quais eram as suas causas — o excesso de gastos por parte do Estado. Mas ainda não conseguia entender por que uns sofriam mais que os outros com a inflação.

Questionado sobre isso, o professor passou a explicar o fenômeno:

— Imagine que um trabalhador da ilha ganhe em média 100 pedras por mês e o seu custo de vida seja de 100 pedras por mês — ou seja, que todas as suas despesas com moradia, alimentação etc. consumam todo seu salário. Agora vamos supor que o Estado da Ilha ganhe — ou melhor arrecade — 1.000.000 (um milhão) de pedras por mês, mas gaste 1.200.000 (um milhão e duzentas mil) pedras no mesmo período. Ele terá um déficit de 200.000 (duzentas mil) pedras. Ou ele pega essas pedras emprestadas, ou ele produz mais 200.000 (duzentas mil) pedras, certo?

O habitante da ilha concordou, pois isso ele já havia aprendido muito bem. Então, o professor prosseguiu:

— O governo terá injetado mais 200.000 (duzentas mil) pedras na economia e, com isso, causado um aumento nos preços. Com essa inflação, o trabalhador agora precisará de 120 pedras para comprar os mesmos produtos — ou, como falei há pouco, terá que comer menos para ajustar seu orçamento ou trabalhar mais para ganhar as 20 pedras excedentes. Logo, o trabalhador foi prejudicado pela irresponsabilidade fiscal do Estado. Mas, agora, pense bem: essas 200.000 (duzentas mil) pedras injetadas a mais pelo Estado foram para a mão de quem?

Diante da dúvida do habitante em encontrar a resposta, o professor explicou:

— Para a mão do próprio Estado. Ele as utilizou para pagar as despesas que fez além do que arrecadou. Então, quem recebeu essas pedras excedentes — seja na própria estrutura do governo, seja para aqueles que emprestaram dinheiro para o Estado — se protegeu da inflação. Portanto, quem mais sofre com o descontrole das despesas do Estado, e consequentemente com a inflação, é a população mais pobre da ilha. E, veja bem, a população que tinha poupança e emprestou para o Estado não é culpada. Na verdade, este é até um ensinamento extra: se você quiser se proteger de tempos ruins, poupe. A culpa não é de quem empresta, e sim de quem pediu emprestado. Enquanto o primeiro foi responsável e conseguiu poupar, o segundo foi irresponsável por gastar mais do que ganha.

A conversa daquela noite já estava se estendendo demais. Notando que o professor já bocejava de sono, o anfitrião fez a última pergunta da noite.

— O problema todo é o Estado, então?

E o professor respondeu:

— O Estado é necessário em algumas áreas, como contei no início na história da nossa Ilha do Norte, e me parece que foi assim aqui na sua ilha também. Precisamos como sociedade apenas criar mecanismos para que o Estado não cresça demais e passe a existir apenas para atender a si próprio em detrimento de seu povo. O Estado tem como missão gastar o dinheiro dos outros em benefício dos outros; e essa é a pior forma de alocar recursos na economia.

O professor, cansado, foi se deitar enquanto o anfitrião passou a noite em claro, digerindo toda a informação que recebera naquele jantar.

CAPÍTULO 6

FORMAÇÃO DE CAPITAL E AUMENTO DA PRODUTIVIDADE

Após aprender os conceitos sobre como a inflação afeta de formas diferentes a população, o habitante da ilha — ao mesmo tempo que estava satisfeito em entender esses mecanismos — estava curioso para saber se haveria uma solução para sair do ciclo vicioso em que a economia da ilha havia se enfiado.

No jantar seguinte, o professor do Estado do Norte falaria sobre os caminhos para uma economia próspera.

Tomado pela ansiedade por novos conhecimentos, o anfitrião mal deixou o professor se sentar para o jantar. Sem mais delongas, foi logo abordando seu hóspede com mais perguntas.

— Professor, entendi bem as razões dos problemas econômicos que estamos passando aqui na ilha. Os gastos descontrolados do nosso governo fizeram com que ele se endividasse mais e pagasse mais juros, o que o levou a utilizar grande parte dos recursos da ilha que poderiam estar indo para a produção. Compreendi também que a emissão de mais dívida pública e de dinheiro gera inflação e como a inflação afeta os mais pobres da ilha. Mas qual seria a solução, se é que ela existe?

O professor então relembrou seu anfitrião que a inflação acontece quando há mais dinheiro na ilha do que produtos para serem consumidos:

— Simples — relembrou ele. Se existem apenas dez pedras como dinheiro, e apenas dez bananas como produto, seu preço de equilíbrio será de uma pedra para cada banana. Se forem criadas mais dez pedras e a produção de bananas não aumentar, agora serão vinte pedras para as mesmas dez bananas. Logo, o preço de equilíbrio será de duas pedras para cada banana. Para os preços diminuírem, você precisa não só controlar a quantidade de dinheiro na economia, mas também aumentar a produção. Esse é um caminho sustentável para um crescimento econômico saudável.

Diante dessa constatação, o habitante da ilha indagou o professor como isso seria possível, já que todos os habitantes estavam produzindo no máximo de suas capacidades humanas.

O professor respondeu:

— A ilha de vocês é muito jovem como civilização, e a produção, pelo que pude notar, vem apenas do trabalho dos habitantes. Assim, a produção total da ilha depende de apenas um fator de produção: o trabalho. Existe uma forma de produzir mais, de criar ferramentas que permitam produzir mais com a mesma mão de obra.

— Como assim, ferramentas? — perguntou o habitante.

— Criar artesanatos capazes de ajudar a produzir mais — respondeu o professor. — Por exemplo: lá no Estado do Norte os colhedores de cocos criaram uma ferramenta que nós chamamos de escada. Assim, o colhedor que antes conseguia catar apenas dez cocos por dia, agora consegue catar vinte; já que antes ele escalava os coqueiros com as mãos e os pés. Agora, com a escada, ele consegue chegar ao topo dos coqueiros muito mais rápido e com menos esforço.

— Como é essa ferramenta? — indagou o habitante.

O professor desenhou no chão o seu formato. O habitante perguntou então quanto tempo levaria para fazer aquele artefato.

— Com habilidade, uns três dias — respondeu o professor.

O anfitrião então, coçando a cabeça, falou ao professor:

— Três dias é muito. Se o colhedor de cocos passar três dias fazendo essa escada ele terá três dias a menos de renda, já que não colherá os cocos nesses dias. Ninguém pode se dar ao luxo de perder três dias de renda.

— Sim — concordou o professor. — É um risco, mas quem assumi-lo pode ser recompensado com uma renda melhor no futuro. Os habitantes com perfis mais empreendedores, com certeza poderão assumir esse risco.

Este foi um dos ensinamentos importantes da noite: quem toma riscos em uma economia tem possibilidades de colher melhores retornos.

Figura 17

RISCO X RETORNO
Quanto maior o Risco,
maior o Retorno esperado

— Mas essas pessoas ficarão sem comer durante três dias?

Essa era a dúvida do habitante, já que, no início de uma civilização como a da ilha, as atividades eram de subsistência — ou seja, produziu no dia come, não produziu passa fome.

O professor então lembrou ao habitante o que ele havia falado na noite anterior sobre poupança. Poupar é se abster de um consumo atual para consumir mais e melhor no futuro.

Figura 18

> **POUPANÇA**
> Abrir mão de um consumo presente, para consumir mais e melhor no futuro.

Ela não serve apenas para nos proteger de tempos ruins, serve também — e melhor — para aperfeiçoar nossa vida em tempos bons. E explicou:

— Se eles formarem uma poupança, poderão utilizá-la em determinado momento para fabricar as escadas. Os cocos poupados servirão para sustentar o colhedor nos três dias necessários para fabricar a escada. Com o aumento da produção propiciada pela escada, ele terá um retorno bem maior do que antes, assim a poupança terá valido a pena. Agora há dois fatores de produção: capital e trabalho. A escada é o capital.

Este foi mais um ensinamento importante daquela noite: a poupança permite a criação de capital para aumentar a produção.

Figura 19

> *A poupança permite a criação de capital para expandir a Produção.*

Pensativo, o habitante finalmente deu tempo para que o professor pudesse iniciar a refeição da noite. Entre uma pausa e outra, eles retomavam a conversa para tirar as dúvidas do anfitrião.

Em uma delas, o habitante questionou o professor — e de certa forma a si mesmo:

— Por que até então os habitantes da ilha — incluindo aí ele mesmo — nunca haviam pensado nisso?

O professor disse para ele não se culpar, pois na Ilha do Norte também havia levado um tempo para aquilo acontecer. Ele explicou:

— Quando estamos focados na nossa sobrevivência, é difícil termos criatividade para a inovação, e inovação pressupõe riscos. Nem todos estão dispostos a assumir riscos — e isso é natural.

— Como assim? — perguntou o seu anfitrião.

— Cometemos o erro de achar que todos somos iguais. Não somos. Alguns se contentam com o que têm — e estão bem assim. São os que chamamos de avessos ao risco. Outros com espírito mais arrojado — os empreendedores — estão mais propensos ao risco e querem, de alguma forma, fazer diferente. São os que poupam e tentam inovar que tomam os riscos. No entanto, muitos ficam pelo caminho, pois não dão certo. Os que dão certo são recompensados pelo retorno maior. Vocês devem estimular quem tem essa característica, pois são eles que farão a produtividade da ilha aumentar. E, quando a produtividade dos fatores de produção aumentar, a economia da ilha crescerá de forma sustentável.

O habitante estava bastante satisfeito com o nível dos ensinamentos daquela noite. Nos outros dias, era como se fossem apenas diagnósticos dos problemas — o que era muito importante entender —, mas agora eram as soluções que ele estava aprendendo.

Então ele comentou com o professor durante a sobremesa:

— Até hoje nós imaginávamos que o aumento em nosso consumo era um sinal de crescimento econômico da ilha. O que está errado nessa constatação?

O professor disse que durante algum tempo no passado essa também era uma crença na Ilha do Norte. Mas existe uma razão bastante lógica que torna essa premissa falsa. Perguntou ele para seu anfitrião:

— Se a produção total são dez bananas, você concorda que o consumo total não poderá ser mais do que dez bananas?

— Sim — respondeu o anfitrião.

— Logo, o limite do consumo será o limite da produção, certo?

O habitante respondeu positivamente, balançando a cabeça.

— Então só haverá consumo se houver produção. Se vocês estimularem o consumo sem que haja uma produção equivalente — seja de que forma for —, no fim, quando não houver mais produção a ser consumida, restará apenas o aumento nos preços.

Este parecia ser o último ensinamento da noite:

Figura 20

> Não é o Consumo que gera
> Crescimento Econômico, é a Produção.

O professor aproveitou que o habitante estava reflexivo e se levantou, pedindo licença para ir se deitar. Já de pé, antes de se retirar, fez questão de resumir para seu anfitrião os principais ensinamentos da noite:

- ▶ A POUPANÇA PERMITE A CRIAÇÃO DE CAPITAL PARA A EXPANSÃO DA PRODUÇÃO.
- ▶ A ECONOMIA CRESCE QUANDO A PRODUTIVIDADE DO CAPITAL E DO TRABALHO AUMENTA.
- ▶ O CAPITAL É CRIADO POR AQUELES QUE ASSUMEM RISCOS.
- ▶ É A PRODUÇÃO, E NÃO O CONSUMO, QUE AGREGA VALOR NA ECONOMIA.

O anfitrião agradeceu por mais aquela noite de conhecimentos. Antes de ir se deitar, fez questão de anotar tudo que havia aprendido durante o jantar.

CAPÍTULO 7

O COMÉRCIO É BOM PARA TODOS

No capítulo anterior nosso habitante da ilha aprendeu sobre a produtividade da economia — algo que para ele era muito além do que imaginava entender. Após aquela noite, o professor o avisou que teria que partir já no dia seguinte, pois estava com saudades de casa.

Vendo que seu anfitrião continuava sedento por novos conhecimentos, fez um convite para que ele passasse uma temporada na Ilha do Norte, a fim de poder aprender vivendo em uma economia diferente. O habitante da ilha não hesitou em aceitar o convite.

Agora no Estado do Norte, era o professor que hospedava o habitante do Estado da Ilha, retribuindo assim a gentileza de seu antigo anfitrião. Este ficou maravilhado com o conforto da cabana do professor, muito mais moderna e confortável que as cabanas da sua ilha.

Passaram o dia seguinte à sua chegada fazendo um tour guiado pelo professor. Aquele comércio pujante no Estado do Norte em nada se parecia com o da sua ilha. Muito mais gente nas ruas, mais empreendedores e uma grande variedade de produtos — muitos dos quais ele nem conhecia. O professor, vendo seu novo hóspede impressionado com tudo que via, se limitou apenas a ir explicando e lhe apresentando as novidades.

O habitante acumulava muitas perguntas, mas decidiu guardá-las para a conversa durante o jantar, como virou costume quando hospedou o professor em sua cabana no Estado da Ilha.

No jantar, comeram um delicioso bife de gado com batatas assadas, uma iguaria para o habitante da ilha, já que ele nunca havia comido esses alimentos. Eles simplesmente não existiam no Estado da Ilha, e para ele era uma novidade.

Após saborear o último pedaço daquele suculento bife, o habitante buscou a resposta para o que o estava intrigando:

— Como era possível aquele comércio pujante que ele viu na Ilha do Norte ao longo do dia? Como existiam tantos produtos, muitos dos quais ele nem sabia da existência? Como as pessoas do norte não só produziam tanta variedade, como também tinham capacidade para adquiri-las?

Diante da enxurrada de perguntas, e vendo que não seria tão fácil explicá-las para seu novo hóspede, o professor resolveu ensinar de forma bem simples e didática.

Para tanto, utilizou o próprio cardápio do jantar como exemplo.

— Hoje jantamos carne de gado e batatas, coisas que não existem na sua ilha. Vamos utilizar esse delicioso prato — que espero você tenha apreciado — para entender alguns conceitos além do básico que já lhe passei.

O habitante da ilha fez questão de rasgar elogios ao jantar, e disse que nunca havia saboreado tão delicioso prato.

O professor, então, iniciou os ensinamentos da noite:

— Um erro que muitos cometem é acreditar na autossuficiência, isso é, que é bom não depender de ninguém. No princípio das civilizações — e vejo que na sua ilha ainda há muito disso —, levava-se em conta esse conceito até para minimizar os riscos. Afinal, não depender de ninguém parece ser a melhor forma de sobreviver.

O habitante da ilha — agora hóspede do professor — fez aquela habitual cara de quem não entendeu nada, e perguntou:

— Mas a autossuficiência não é o melhor caminho, professor?

— Não — respondeu o agora anfitrião. — Mas, calma, deixe-me explicar.

— Para entender por que as pessoas que você viu hoje ao longo do dia optaram por depender dos outros — e como essa escolha melhora a vida delas — vamos imaginar uma economia simples, com apenas os produtos do nosso jantar. Imagine que existam apenas dois produtos neste nosso mundo. Carne e batatas. E que existam apenas duas pessoas neste mundo também. Um é o pecuarista, e o outro o agricultor. Mas cada um deles gostaria de comer tanto carne quanto batatas. Nosso exemplo ficará mais claro se o pecuarista só pode produzir carne e se o agricultor só pode produzir batatas. Nesse cenário, os dois poderiam optar por não ter nada a ver um com o outro, certo?

O habitante do Estado da Ilha concordou.

— Agora imagine o pecuarista só comendo carne. Assada, cozida, frita, grelhada... Após vários meses, ele não vai achar sua autossuficiência tão boa assim, certo?

Seu agora hóspede fez aquela cara de descoberta já conhecida pelo professor, e prontamente concordou:

— Sim. Vendo dessa forma, é verdade.

— E para o agricultor vale a mesma coisa. Se ele apenas comer batata — assada, cozida, frita ou em forma de purê — também não vai achar sua autossuficiência uma coisa boa, concorda?

— Sim — prontamente respondeu o habitante do Estado da Ilha.

— Você apreciou carne com batatas há pouco. Não teve tempo para enjoar de nenhum, teve? — falou sorrindo professor, acompanhado por uma longa gargalhada de seu hóspede.

— Agora você consegue perceber que o comércio poderia permitir aos dois desfrutar do mesmo prato que comemos hoje no jantar. Esse foi um exemplo bem simples de como todos podem se beneficiar do comércio. Mas eu parti de um pressuposto: que qualquer um deles também pudesse produzir o outro produto, ou seja, que o pecuarista também pudesse produzir batatas, e o agricultor também pudesse criar gado, só que a um custo maior.

Agora, aquele semblante de quem não entendeu nada aparecia novamente na cara do habitante do Estado da Ilha. Ele fez logo questão de dizer:

— Como assim? Não entendi nada.

— Calma. Imagine que o pecuarista possa plantar batatas, mas suas terras não sejam adequadas para isso. E que o agricultor possa criar gado, mas, por algum motivo, não seja bom nisso. Logo, plantar batatas é mais caro para o pecuarista do que é para o agricultor. E criar gado é mais caro para o agricultor do que é para o pecuarista.

— Ah... agora entendi — disse seu hóspede. — Então cada um se especializa em fazer aquilo que faz melhor, e depois comercializa com o outro. Assim, ambos se beneficiam. Ficou fácil de entender depois dessa explicação professor... que legal, muito obrigado!

O professor esperou seu hóspede aproveitar o momento de satisfação com o novo aprendizado... e depois, de maneira muito serena, falou:

— Mas esses ganhos com o comércio não são tão óbvios assim quando um deles é melhor na produção de todos os produtos.

Um silêncio tomou conta do ambiente por alguns segundos. A felicidade no rosto do habitante do Estado da Ilha sumiu repentinamente, sendo substituída por um semblante de desilusão.

O professor interrompeu o silêncio fúnebre e, com um sorriso, disse:

— Fique tranquilo, vou explicar. O exemplo continua simples, mas preste bastante atenção, pois os conceitos requerem uma análise mais criteriosa. Como disse, imagine agora que o pecuarista seja melhor tanto para criar gado quanto para plantar batatas. Nesse caso, será que agora um dos dois optaria pela autossuficiência? Ou mesmo assim haveria motivos para comercializarem um com o outro?

— Agora acho que é melhor para o pecuarista optar pela autossuficiência, já que ele produz melhor ambos os produtos — disse o hóspede do professor.

— Você acha mesmo? — perguntou o professor. — Antes de responder, vamos analisar os fatores que afetam essa decisão.

— Vamos supor que ambos trabalhem oito horas por dia, e cada um possa dedicar esse tempo para plantar batatas, criar gado ou uma combinação das duas coisas.

O professor então pega um graveto e desenha no chão batido uma tabela:

Tabela 1

	Minutos necessários para produzir 1Kg de:	
	Carne	Batatas
Agricultor	60 minutos/Kg	15 minutos/Kg
Pecuarista	20 minutos/Kg	10 minutos/Kg

Fonte: MANKIW, N. Gregory. *Introdução à Economia — Tradução da 3ª edição norte-americana.* São Paulo: Cengage Learning, 2005.

— Veja aqui a quantidade de tempo que cada um deles precisa para produzir um quilo de cada produto. O agricultor pode produzir 1 quilo de carne em 60 minutos e 1 quilo de batatas em 15 minutos. O pecuarista pode produzir 1 quilo de carne em 20 minutos e 1 quilo de batatas em 10 minutos. Você lembra que eu disse nesse exemplo que o pecuarista é melhor em ambas as coisas? Então, ele produz tanto carne quanto batatas mais eficientemente que o agricultor.

O professor desenha outra tabela e diz:

Tabela 2

	Quantidade de Carne ou Batatas produzida em 8 horas	
	Carne	Batatas
Agricultor	8Kg	32Kg
Pecuarista	24Kg	48Kg

Fonte: MANKIW, N. Gregory. *Introdução à Economia — Tradução da 3ª edição norte-americana*. São Paulo: Cengage Learning, 2005.

— Aqui, para você entender melhor, especifiquei as quantidades de carne ou de batatas que eles conseguem produzir se trabalharem as oito horas do dia fazendo apenas uma coisa. Se o agricultor produzir somente carne durante 8 horas, ele produzirá 8 quilos; e, se produzir só batatas, 32 quilos. Já se o pecuarista produzir só carne, ele produzirá 24 quilos, e se só batatas, ele produzirá 48 quilos.

Mesmo com as tabelas desenhadas no chão o habitante do Estado da Ilha ficou meio perdido nas explicações. O professor, notando a agonia de seu hóspede, continuou explicando:

— Calma, vou fazer outro desenho e repassar esses dados para você entender melhor.

Seria a primeira vez que o habitante da ilha veria um gráfico — algo que ele jamais imaginaria acontecendo na sua ilha.

O professor iniciou o desenho no chão:

Gráfico 1

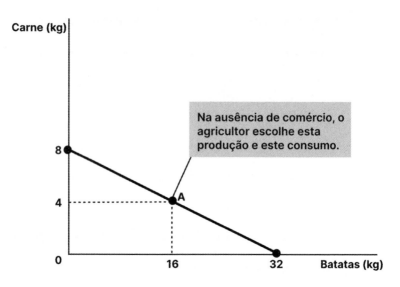

Fonte: MANKIW, N. Gregory. *Introdução à Economia — Tradução da 3ª edição norte-americana*. São Paulo: Cengage Learning, 2005.

— Imagine que nessa reta vertical está a quantidade de carne; e, na reta horizontal, a quantidade de batatas. Lembra-se da tabela que falei há pouco? Então, se o agricultor produzir somente carne, ele produzirá, nas 8 horas, 8 quilos. E, se ele produzir somente batatas, produzirá 32 quilos ao longo de 8 horas.

"Como estamos imaginando que não há comércio e que eles decidiram ser autossuficientes, vamos supor que utilizem metade do tempo para produzir cada uma das coisas: 4 horas produzindo carne, e 4 horas produzindo batatas. Logo, o agricultor produzirá 4 quilos de carne e 16 quilos de batatas."

O balançar da cabeça do hóspede indicou ao professor que, com o desenho, a explicação parecia fazer mais sentido.

Agora, o professor faria o desenho do pecuarista:

Gráfico 2

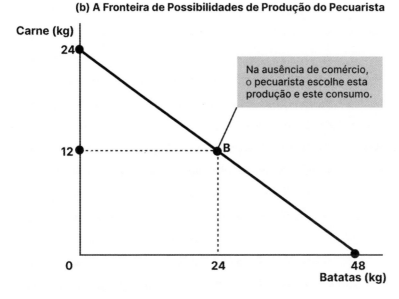

Fonte: MANKIW, N. Gregory. *Introdução à Economia — Tradução da 3ª edição norte-americana*. São Paulo: Cengage Learning, 2005.

— Veja, se o pecuarista produzir somente carne, ele produzirá nas 8 horas, 24 quilos. E, se produzir somente batatas, produzirá 48 quilos ao longo das 8 horas. Novamente, como não querem fazer comércio e ser autossuficientes, ele utilizará quatro horas para fazer cada coisa. Em 4 horas ele produzirá 12 quilos de carne e, nas outras 4 horas, produzirá 24 quilos de batatas.

— Agora ficou mais claro — disse o hóspede do professor. Como optaram pela autossuficiência, eles vão produzir e consumir estas quantidades indicadas neste ponto aí que o senhor desenhou no chão.

— Ou qualquer ponto ao longo desta reta — corrigiu o professor. — Estes pontos indicam as possibilidades de produção de ambos. Depende das preferências de consumo deles. Mas, para simplificar, vamos imaginar que este ponto seja a preferência deles.

— Entendi até aqui professor — disse o habitante do Estado da Ilha. — Mas agora fiquei ainda mais confuso. O senhor disse que, mesmo que um deles seja melhor em tudo, o comércio poderia ser vantajoso para ambos. Seus desenhos aí me fazem acreditar que não.

Rindo, o professor continuou:

— Espera aí, vou fazer mais desenhos. Mas antes vamos imaginar a seguinte situação: após vários anos comendo aquela combinação de 12 quilos de carne e 24 quilos de batatas, o pecuarista teve uma ideia e foi conversar com o agricultor. Imagine o seguinte diálogo entre eles:

— Meu amigo agricultor, tenho uma proposta que vai melhorar nossas vidas. Acho que seria melhor você parar de criar gado e só plantar batatas. Pelos meus cálculos, se você passar as 8 horas somente plantando batatas, produzirá 32 quilos. Se, desses 32 quilos, você me der 15 quilos, eu te dou em troca 5 quilos de carne.

Gráfico 3

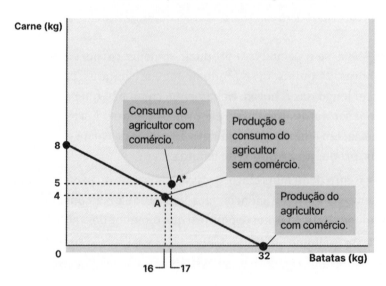

Fonte: MANKIW, N. Gregory. *Introdução à Economia — Tradução da 3ª edição norte-americana*. São Paulo: Cengage Learning, 2005.

Diante da dificuldade de entendimento por parte do agricultor, o pecuarista desenhou no chão a sua proposta.

— Veja bem, no fim das contas, se dos seus 32 quilos de batatas você me der 15 quilos, sobrarão 17 quilos para você. E, agora, você terá 5 quilos de carne em troca. Sem nosso acordo, você tem 4 quilos de carne e 16 quilos de batatas. Com o acordo você terá 5 quilos de carne e 17 de batatas. Um quilo a mais de ambos os produtos.

O agricultor, ainda cético, respondeu:

— A ideia parece boa. Mas não consigo entender como o negócio pode ser tão bom para mim, e ser bom para você também. Nesse desenho que você fez aí no chão parece bastante lógico.

— Mas é bom para mim também — disse o pecuarista. — Vou desenhar aqui no chão a minha situação agora.

Gráfico 4

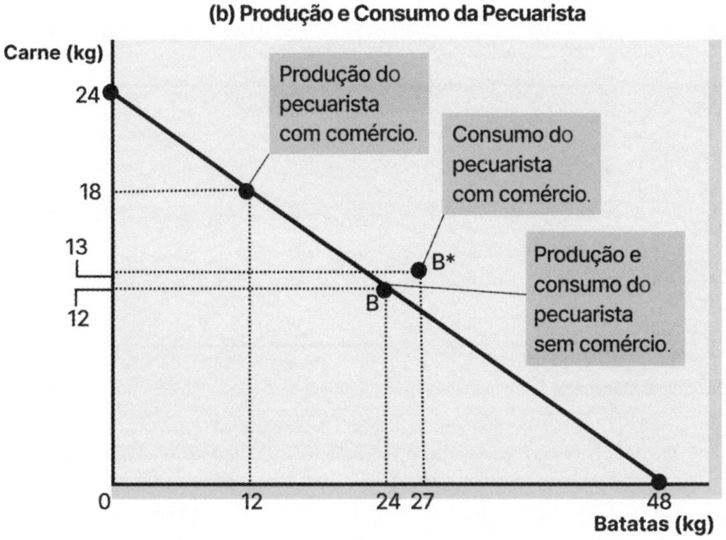

(b) Produção e Consumo da Pecuarista

Fonte: MANKIW, N. Gregory. *Introdução à Economia — Tradução da 3ª edição norte-americana*. São Paulo: Cengage Learning, 2005.

— Vamos supor que eu passe 6 horas por dia criando gado, e 2 horas plantando batatas. Então vou produzir 18 quilos de carne e 12 quilos de batatas. Está vendo aqui? — E aponta no desenho para o agricultor.

"Depois que eu te der 5 quilos da minha carne, em troca dos 15 quilos das suas batatas, ficarei com 13 quilos de carne e 27 quilos de batatas. Vou consumir mais carne e mais batatas do que eu consumo hoje."

E, assim, ele desenha a nova situação para o agricultor entender.

— Não sei, não — diz o agricultor. Parece bom demais para ser verdade.

— Acredite — fala o pecuarista, desenhando outra tabela para que o agricultor abandone o ceticismo.

Tabela 3

	Agricultor		Pecuarista	
	Carne	Batatas	Carne	Batatas
Sem Comércio:				
Produção e Consumo	4kg	16kg	12kg	24kg
Com Comércio:				
Produção	0kg	32kg	18kg	12kg
Comércio	Recebe 5kg	Dá 15kg	Dá 5kg	Recebe 15kg
Consumo	5kg	17kg	13kg	27kg
Ganhos do Comércio:				
Aumento do Consumo	+ 1kg	+ 1kg	+ 1kg	+3kg

Fonte: MANKIW, N. Gregory. *Introdução à Economia — Tradução da 3ª edição norte-americana*. São Paulo: Cengage Learning, 2005.

— Nossa situação atual — sem nosso acordo de comércio — é esta. Você produz e consome 4 quilos de carne e 16 quilos de batatas. E eu, 12 quilos de carne e 24 quilos de batatas.

"Se você topar o acordo, e passar a produzir somente batatas, produzirá 32 quilos delas. Me dará 15 quilos e receberá 5 quilos de carne. Você terá, após o acordo, 5 quilos de carne e 17 quilos de batatas — Um quilo a mais de carne e um quilo a mais de batatas.

"Eu passo a produzir carne por 6 horas do dia — assim produzirei 18 quilos — e, nas outras 2 horas, produzirei 12 quilos de batatas. Como te darei 5 quilos de carne, ficarei com 13 quilos; e, como receberei 15 quilos de batatas, ficarei agora com 27 quilos. Um quilo a mais de carne e três quilos a mais de batatas."

Depois de vários minutos analisando a nova tabela desenhada pelo pecuarista, o agricultor falou:

— Como esse negócio pode ser bom para nós dois? Estou confuso apesar dos seus cálculos estarem certos.

O pecuarista respondeu:

— Será bom para nós dois porque o acordo comercial permitirá que cada um de nós se especialize naquilo que faz melhor. Você passará mais tempo plantando batatas, e eu mais tempo criando gado. O resultado dessa especialização — e do nosso acordo — é que poderemos consumir mais carne e mais batatas trabalhando as mesmas oito horas por dia.

O relato desse diálogo imaginário mal tinha sido terminado pelo professor e o seu hóspede do Estado da Ilha já estava concordando com a explicação do exemplo.

— Nossa! Professor, os números não mentem, e o senhor está certo. O comércio é bom para os dois, mesmo quando um deles é melhor na produção de tudo.

E, mesmo sorrindo, era visível no rosto de seu hóspede mais dúvidas do que certezas, talvez por tanto conhecimento novo adquirido.

O professor então falou:

— Embora correto, esse exemplo do pecuarista e do agricultor que acabei de lhe dar contém um enigma. Se o pecuarista é melhor tanto na produção de carne quanto na produção de batatas, como o agricultor pode se especializar naquilo que faz melhor, se ele não faz nada melhor?

A satisfação no rosto do habitante da ilha imediatamente se transformou em frustração.

— Poxa, professor! É mesmo, não tinha pensado nisso. Como é possível?

O professor, bocejando de sono, se levantou convidando seu hóspede para se recolher ao descanso.

— Para solucionar esse enigma, preciso ensiná-lo sobre vantagem comparativa. Mas isso fica para amanhã, agora precisamos descansar.

CAPÍTULO 8

CUSTO DE OPORTUNIDADE E VANTAGEM COMPARATIVA

Vamos aprofundar um pouco mais os conceitos vistos no capítulo anterior para entendermos por que o comércio é bom para todos, mesmo quando um dos agentes econômicos é melhor na produção de todos os bens.

Mesmo satisfeito com o aprendizado da noite anterior — após aprender sobre possibilidades de produção e por que o comércio é bom para todos —, o habitante do Estado da Ilha estava intrigado pelo enigma que o professor havia deixado no ar.

Como, mesmo o pecuarista sendo melhor na produção de batatas, seria vantajoso para ele comprar batatas do agricultor e se especializar na produção de carne?

Da mesma forma, por que seria vantajoso para o agricultor se especializar na produção de batatas, mesmo ele sendo pior que o pecuarista na produção delas?

A ansiedade pelas respostas era tanta que ficou visível para o professor durante o café da manhã. Não seria possível deixar o assunto para o jantar. Dessa forma, convidou seu hóspede para caminhar pela Ilha do Norte a fim de que ele pudesse ver alguns exemplos que o ajudariam a compreender aquele enigma.

Quando passavam pelo cais da ilha, o professor avistou algo que lhe serviria de exemplo no aprendizado.

— Está vendo aquela pessoa no meio da multidão? — Perguntou apontando para que o habitante da ilha pudesse localizá-la.

— Qual?

— Aquele com uns dois metros de altura.

O sujeito foi prontamente localizado pelo seu hóspede, já que pela altura ele se destacava no meio da multidão.

— Ele é um mercador. O melhor comerciante aqui do Estado do Norte. Tem dons de negociador que jamais vi em outra pessoa. Isso o tornou muito rico.

— É mesmo? — exclamou o habitante da ilha. — Muito rico mesmo?

— Sim. Ele deve lucrar umas quatrocentas moedas de cobre por hora, realizando suas negociações de compra e venda — respondeu o professor.

— Poxa, ele deve ser muito bom mesmo no que faz — comentou o seu hóspede.

— Sim, mas dou sempre muitos conselhos a ele. Pois, ao mesmo tempo que é muito esperto, seu temperamento o faz praticar algumas burrices que passam despercebidas — disse o professor. — Por ser o maior comerciante das redondezas, ele tem várias carroças que servem para transportar as mercadorias, e agora, com a descoberta da sua ilha, ele já possui três barcos.

— Ah, me lembro de o ter visto no Estado da Ilha nessa última viagem que vocês fizeram para lá.

— Sim, a maioria dos produtos que fomos vender para vocês foi ele que levou.

— Mas quais erros ele comete? — perguntou o habitante da ilha.

— Como disse, ele é muito temperamental. Ao mesmo tempo que é muito gentil e educado, às vezes se irrita facilmente. Eu até o apelidei de "O Mercador de Veneta". Veja bem, ele sempre foi muito bom em tudo que fez. Foi ele mesmo quem fabricou as carroças e os barcos, e sabe como ninguém fazer isso. Assim como fazer sua manutenção. Quando fica irritado com o transporte das suas mercadorias, ele briga com quem faz a manutenção nas carroças e ele mesmo vai fazer isso. Conserta tudo mais rápido do que ninguém.

— Mas o que há de errado nisso? Ou por que é burrice, como o senhor disse?

O professor então passou a explicar, e o seu hóspede tratou de prestar bastante atenção, pois sabia que aquele exemplo estava sendo dado para que ele pudesse entender o enigma do dia anterior.

— Você está vendo aquele outro sujeito ali, de pele clara e cabelo comprido? — perguntou o professor. — É a pessoa que faz a manutenção das carroças e dos barcos do mercador. Ele também negocia mercadorias, mas, como não tem muita habilidade de persuasão, consegue ganhar em média apenas dez moedas de cobre por hora.

O professor explicou que todas aquelas pessoas na multidão eram mercadores, inclusive ele. Mas o "Mercador de Veneta" era o melhor, por isso conseguia ganhar muito mais. Ele seguiu falando sobre o sujeito de cabelo comprido:

— Como o branquinho ali ganha pouco como comerciante, ele decidiu consertar carroças para ganhar mais. Cobra quinze moedas por hora de trabalho, e costuma levar duas horas no serviço. Assim, ganha em média trinta moedas por carroça que conserta. O mercador, quando fica irritado, vai lá e consegue arrumar a própria carroça em uma hora — ele é muito melhor que todos nesse ofício. Então, ele dispensa o consertador e faz ele mesmo o serviço, na metade do tempo.

— Eu também faria — disse o habitante da ilha. — Se ele é melhor, as suas carroças ficam prontas mais rápido.

— Aí que está o erro — interrompeu o professor. — Ele tem uma vantagem absoluta, mas não uma vantagem comparativa. Essa é a chave para você entender o enigma que lhe falei ontem. Quando você compara a produtividade dele com a do consertador das carroças, ele tem uma vantagem absoluta.

Agora era o hóspede quem interrompia o professor:

— Mas qual a diferença dessa vantagem absoluta para o que o senhor chama de vantagem comparativa?

— O custo de oportunidade — respondeu o professor.

Mais um conceito novo para o desesperado habitante da ilha, que revirava os olhos tentando absorver e decorar os novos ensinamentos.

— Custo do que, professor?

— Custo de oportunidade. É o custo que temos para fazer determinada coisa. Ou, colocado de outra maneira, o custo de oportunidade de uma coisa é aquilo de que abrimos mão para obtê-la. O "Mercador de Veneta" abriu mão de passar uma hora negociando seus produtos, e passou uma hora consertando a carroça. Logo, ele abriu mão de negociar uma hora para obter o conserto de sua carroça. Novamente, o custo de oportunidade de uma coisa é aquilo de que abrimos mão para obtê-la. Entendeu?

— Ah! — exclamou novamente o hóspede do professor. — Mas como mensuramos isso?

— Simples. Você lembra que falei há pouco que o mercador lucra em média quatrocentas moedas por hora quando está focado na sua atividade? Negociando os produtos que comercializa?

— Sim — concordou o habitante da ilha.

— Pois é. Ele abriu mão de ganhar quatrocentas moedas de cobre quando passou uma hora consertando a sua carroça. Ele consertou mais rápido porque tem uma vantagem absoluta, e economizou trinta moedas ao fazer ele mesmo o serviço, mas deixou de ganhar quatrocentas moedas.

O habitante da ilha começava a ligar os pontos e a entender o enigma.

O professor continuou:

— Já o consertador não tem uma vantagem absoluta no conserto de carroças, pois leva o dobro de tempo que o mercador para fazer o mesmo serviço. Mas tem uma vantagem comparativa, porque o custo de oportunidade dele é menor.

— Explique melhor professor, não estou conseguindo entender — pediu o habitante da ilha.

— Simples. O consertador abriu mão de ganhar dez moedas por hora ao deixar a atividade de mercador, para ganhar quinze moedas por hora consertando carroças. Na realidade, um ganho muito melhor. Já o "Mercador de Veneta" abriu mão de quatrocentas moedas por hora ao deixar de comercializar produtos, para economizar trinta moedas ao consertar a própria carroça em uma hora. Assim, o custo de oportunidade do consertador é menor que o do mercador. Um tem um custo de dez moedas e o outro de quatrocentas moedas. Apesar de o consertador ser pior no seu próprio ofício, o custo de oportunidade dele é menor. Dessa forma, ele tem uma vantagem comparativa no conserto de carroças em relação ao mercador, apesar de o mercador ter uma vantagem absoluta no conserto. É melhor que o mercador deixe o conserto da carroça para outros e foque seu trabalho naquilo que ele tem vantagem comparativa.

Já era hora do almoço, e o professor convidou seu hóspede para almoçar no restaurante próximo ao cais da Ilha do Norte. Ao se sentarem, o habitante da ilha não se conteve e pediu o mesmo prato do jantar do dia anterior: carne com batatas. Ele queria apreciar novamente aquele prato até então desconhecido.

Motivado pelo cardápio, aproveitou para retomar o assunto do pecuarista e do agricultor:

— Então, professor. Obrigado pelos ensinamentos desta manhã aqui no cais. Entendi bem os conceitos de custo de oportunidade e de vantagem comparativa. Mas, para reforçar, o senhor poderia voltar ao caso do pecuarista e do agricultor, e mostrar esses mesmos conceitos seguindo a conversa de ontem?

— Claro — prontamente se dispôs o professor.

E começou a desenhar as informações do jantar da noite passada.

— Vamos considerar primeiro o custo de oportunidade do pecuarista. Se ele gasta dez minutos produzindo batatas, ele terá dez minutos a menos para produzir carne. Como ele precisa de vinte minutos para produzir um quilo de carne, em dez minutos ele produz meio quilo, certo?

Tabela 4

	Minutos necessários para produzir 1Kg de:	
	Carne	Batatas
Pecuarista	20 minutos	10 minutos
Agricultor	60 minutos	15 minutos

Figura 21

> 20 min = 1kg
> 10 min = 1/2kg

Seu hóspede balança a cabeça, concordando.

— Lembra que para produzir um quilo de batatas ele leva dez minutos? Então, se nos mesmos dez minutos ele produz meio quilo de carne, um quilo de batatas lhe custa meio quilo de carne.

Figura 22

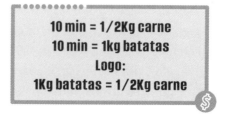

— Lembre-se e anote aí para não se esquecer: "O custo de oportunidade de uma coisa é aquilo de que abrimos mão para obtê-la." Para produzir um quilo de batatas, ele abre mão de produzir meio quilo de carne. Anotou? — reforçou o professor.

— Sim — respondeu atentamente o habitante da ilha.

— Então agora vamos ver o custo de oportunidade do agricultor. Para produzir 1 quilo de batatas ele leva 15 minutos, e para produzir um quilo de carne ele leva 60 minutos. Fazendo as contas, é só dividir um quilo por 4, e 60 minutos por 4. Então, ele produz 250 gramas de carne em 15 minutos.

Tabela 5

	Minutos necessários para produzir 1Kg de:	
	Carne	Batatas
Pecuarista	20 minutos	10 minutos
Agricultor	60 minutos	15 minutos

Figura 23

1Kg carne = 60 min
/ 4 =
1/4 Kg carne = 15 min
=
250g carne = 15 min

"Logo, o custo de oportunidade para o agricultor produzir um quilo de batatas é de 250 gramas de carne."

Figura 24

```
15 min = 1Kg batatas
15 min = 1/4Kg carne
Logo:
1Kg batatas = 1/4Kg carne
1Kg batatas = 250g carne
```

Vendo que o seu hóspede anotava tudo de forma atabalhoada, o professor pegou outro pedaço de couro e desenhou uma tabela com as informações de maneira organizada.

Olhe aqui, disse o professor:

— Já vimos que o custo de oportunidade das batatas é este: para o pecuarista um quilo de batatas custa meio quilo de carne, e para o agricultor o mesmo quilo de batatas custa 250 gramas de carne.

Tabela 6

	Custo de Oportunidade de:	
	1 Kg de Carne	1 Kg de Batatas
Pecuarista	2Kg de Batatas	1/2Kg de Carne
Agricultor	4Kg de Batatas	1/4Kg de Carne

"Observe que o custo de oportunidade da carne é o inverso do custo de oportunidade das batatas. Como um quilo de batatas custa ao pecuarista meio quilo de carne, um quilo de carne vai lhe custar dois quilos de batatas, entendeu?

Tabela 7

	Custo de Oportunidade de:	
	1Kg de Carne	1Kg de Batatas
Pecuarista	2Kg de Batatas	1/2Kg de Carne
Agricultor	4Kg de Batatas	1/4Kg de Carne

"Da mesma forma, como 1 quilo de batatas custa ao agricultor 250 gramas de carne, 1 quilo de carne vai lhe custar 4 quilos de batatas.

"Veja bem — disse o professor apontando na tabela que desenhava para o habitante. — O agricultor tem um custo de oportunidade menor na produção de batatas, enquanto o pecuarista tem um custo de oportunidade menor na produção de carne.

Tabela 8

	Custo de Oportunidade de:	
	1 Kg de Carne	1 Kg de Batatas
Pecuarista	2Kg de Batatas	1/2Kg de Carne
Agricultor	4Kg de Batatas	1/4Kg de Carne

"Isso nos mostra que o agricultor tem uma vantagem comparativa na produção de batatas, e o pecuarista tem uma vantagem comparativa na produção de carne."

Tabela 9

	Custo de Oportunidade de:	
	1 Kg de Carne	1 Kg de Batatas
Pecuarista	2Kg de Batatas	1/2Kg de Carne
Agricultor	4Kg de Batatas	1/4Kg de Carne

— Nossa, agora estou entendendo melhor — disse o habitante da ilha. — Da mesma maneira que vimos agora há pouco com o mercador e o consertador. O mercador tem um custo de oportunidade menor no comércio, já que produz quatrocentas moedas em uma hora, enquanto o consertador levaria quarenta horas para produzir as mesmas quatrocentas moedas. E o consertador tem um custo de oportunidade menor nos consertos, pois abre mão de ganhar dez moedas no comércio em uma hora, enquanto o mercador abre mão de ganhar quatrocentas moedas.

— Exato! — disse, feliz, o professor ao notar que estava conseguindo fazer o seu hóspede entender um conceito aparentemente complexo.

O professor continuou:

— As diferenças nos custos de oportunidade e nas vantagens comparativas criam ganhos no comércio. Quando uma pessoa se especializa na produção daquilo que ela tem maior vantagem comparativa, a produção total da economia aumenta e melhora a situação de todos. Vamos relembrar a negociação proposta ao agricultor pelo pecuarista. Ele receberia cinco quilos de carne em troca de quinze quilos de batatas, lembra? É a mesma coisa que ele comprar um quilo de carne por três quilos de batatas, concorda?

— Sim — respondeu o habitante da ilha, fazendo as contas na cabeça.

— Então, como vimos há pouco que o custo de oportunidade de um quilo de carne para o agricultor era de quatro quilos de batatas, a proposta feita pelo pecuarista de três quilos de batatas é mais barata para o agricultor. Ele vai se beneficiar porque comprará a carne mais barata. Agora veja pelo lado do pecuarista. Se ele comprar quinze quilos de batatas por cinco quilos de carne, o preço das batatas será de um terço do quilo de carne.

Neste momento, o seu hóspede fez sinal para que o professor esperasse ele fazer as contas.

— Sim — ele concordou. — Se um quilo de carne custa três quilos de batatas, um quilo de batatas custa um terço do quilo de carne.

— Exato — prosseguiu o professor. — Esse preço pelas batatas é menor que o seu custo de oportunidade atual, que é de meio quilo. Assim, o pecuarista também se beneficia porque comprará as batatas mais barato. Com essa negociação feita, o agricultor passará mais tempo produzindo batatas e o pecuarista passará mais tempo produzindo carne. E assim a produção total de carne passa de dezesseis para dezoito quilos.

Tabela 10

	Agricultor		Pecuarista	
	Carne	Batatas	Carne	Batatas
Sem Comércio:				
Produção e Consumo	4kg	16kg	12kg	24kg
Com Comércio:				
Produção	0kg	32kg	18kg	12kg
Comércio	Recebe 5kg	Dá 15kg	Dá 5kg	Recebe 15kg
Consumo	5kg	17kg	13kg	27kg
Ganhos do Comércio:				
Aumento do Consumo	+ 1kg	+ 1kg	+ 1kg	+3kg

Figura 25

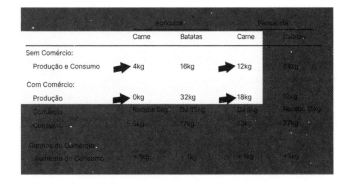

"E a de batatas aumenta de 40 para 44 quilos.

Figura 26

"E os dois se beneficiam desse aumento na produção."

Figura 27

	Agricultor		Pecuarista	
	Carne	Batatas	Carne	Batatas
Sem Comércio:				
Produção e Consumo	4kg	16kg	12kg	24kg
Com Comércio:				
Produção	0kg	32kg	18kg	12kg
Comércio	Recebe 5kg	Dá 15kg	Dá 5kg	Recebe 15kg
Consumo	5kg	17kg	13kg	27kg
Ganhos do Comércio:				
Aumento do Consumo	+ 1kg	+ 1kg	+ 1kg	+3kg

— Nossa! Parece mágica, mas não é. Há uma explicação lógica para isso. Custo de oportunidade e vantagem comparativa, nunca vou me esquecer disso — falou satisfeito o hóspede do professor.

— Mas qual a lição que você tirou disso tudo, meu amigo? — perguntou o professor.

Diante do silêncio pensativo do habitante da ilha, o professor concluiu:

— O comércio pode beneficiar a todos os membros da sociedade porque permite que as pessoas se especializem em atividades nas quais têm uma vantagem comparativa.

CAPÍTULO 9
■ ■ ■ ■
PRODUTIVIDADE

Vamos continuar entendendo por que o comércio é bom para todos, mas é melhor ainda para quem tem mais produtividade.

Após o almoço e os ensinamentos daquela manhã, o professor seguiu para alguns compromissos pessoais. Ele deixou que seu hóspede passeasse pela Ilha do Norte e conhecesse novos lugares. Este aproveitou a tarde para saciar a sua curiosidade, que não era pouca.

Durante seu passeio vespertino, o habitante do Estado da Ilha ficou impressionado com o vigor daquela economia. Todos os trabalhadores e empreendedores da Ilha do Norte pareciam muito envolvidos e eficazes em suas atividades. Tudo funcionava em uma velocidade maior — nada parecido com a sua pacata ilha mais ao sul.

À noite, esperou que todos terminassem suas refeições para que pudesse conversar mais calmamente com o professor. Terminando a sobremesa, o habitante da ilha sacou do bolso suas anotações para tirar as dúvidas do que aprendera até então:

— Professor, fiquei bastante satisfeito em entender por que o comércio é bom para todo mundo; como a análise dos custos de oportunidade e das vantagens comparativas faz com que cada um se especialize no que é melhor; e como essas trocas comerciais acabam beneficiando a todos. Mas uma coisa ainda me intriga.

— O quê? — perguntou o professor.

— No exemplo do pecuarista e do agricultor, entendi que ambos se beneficiaram. Mas é impressão minha ou o pecuarista se beneficiou mais?

— Não é impressão, não — respondeu o professor. — Ao se especializarem, o agricultor ficou com um quilo a mais de carne e um quilo a mais de batatas, mas o pecuarista ficou com um quilo a mais de carne e três quilos a mais de batatas.

— Por quê? — indagou o seu hóspede.

— O pecuarista é melhor em tudo, lembra? — respondeu o professor. — Entretanto, mesmo que o comércio seja bom para os dois, é muito melhor para quem tem mais produtividade.

Antes que seu hóspede pudesse fazer a próxima pergunta, o sagaz professor o indagou:

— O que você pôde notar no seu passeio durante esta tarde?

Era como se a pergunta antecipasse a próxima dúvida da noite. O habitante da ilha prontamente respondeu:

— O comércio aqui na Ilha do Norte é muito mais pujante. Consequentemente a economia de vocês parece muito mais saudável. Pude notar que tudo funciona numa velocidade maior. Ao final da tarde, fiquei com a impressão de que sua ilha é mais rica e as pessoas vivem melhor.

O professor então retomou a palavra:

— No fim do nosso almoço, pude notar tanto sua satisfação pelos novos conhecimentos adquiridos quanto a sua ansiedade por entendimentos mais sólidos dos conceitos que aprendeu. Na verdade, esperava que você colhesse essas impressões ao longo da tarde. Nada melhor que enxergarmos a prosperidade com nossos próprios olhos. Vou aproveitar a sua percepção para explicar não só porque o pecuarista se beneficiou mais — apesar de todos se beneficiarem —, mas também como uma ilha se beneficia mais que a outra — apesar das duas se beneficiarem.

"Como você já deve ter concluído, o pecuarista tem mais riquezas que o agricultor, e a nossa ilha tem mais riquezas que a sua. Assim, a explicação que vou lhe dar agora serve para os trabalhadores e empreendedores, mas serve também para as ilhas. Nossa ilha lhe pareceu mais rica e melhor porque o padrão de vida de uma ilha depende da sua capacidade de produzir bens e serviços.

Figura 28

O padrão de vida de um país depende da sua capacidade de produzir bens e serviços

"Vou contar a história da nossa ilha, pois vai ajudá-lo entender de forma simples o que poderia parecer complexo se lhe explicasse a nossa situação atual. O primeiro habitante da Ilha do Norte foi um náufrago que aqui chegou. Seu nome era Robinson Josué. Como ele era só, pescava seu próprio peixe, plantava suas bananas e fazia suas roupas. Dessa forma, a economia da ilha era ele. Pense nisso como a economia mais simples que pode existir. A produção total da economia era o que Josué conseguia produzir de peixes, bananas e roupas. E o que determina o padrão de vida de Josué? — perguntou o professor."

— A sua capacidade de pescar, cultivar bananas e produzir roupas? — respondeu perguntando o seu hóspede.

— Exato — disse o professor. — Se ele for competente nessas atividades viverá bem; do contrário, viverá mal. Como ele só pode consumir o que consegue produzir, seu padrão de vida está ligado à sua capacidade produtiva. Vamos retomar o que conversamos há alguns dias. A produtividade se refere à quantidade de bens e serviços que um trabalhador pode produzir por cada hora de trabalho. No caso do Josué, é fácil chegar à conclusão que a sua produtividade é determinante no seu padrão de vida. Se a sua produtividade cresce, cresce também o seu padrão de vida. Quanto mais peixes Josué pescar por hora, mais poderá comer no jantar. Se ele encontrar um local melhor para pescar, sua produtividade aumentará. O aumento na produtividade o deixará em situação melhor.

— Como assim? — interrompeu o hóspede do professor. — Como isso melhora a situação dele?

— Ele pode comer mais peixes — respondeu o professor. — Ou passar menos tempo pescando e dedicar mais tempo para a produção de bananas e de roupas. O que quero lhe transmitir é que, naquela época, a produtividade de Josué determinava seu padrão de vida. E isso é válido hoje para a ilha toda — apenas há muito mais habitantes. O que valeu para Josué, vale para nossa ilha. Criamos, com o tempo, uma forma de medir a produtividade da ilha, assim como para Josué. A renda total de Josué não era a sua capacidade total de produção?

— Sim — respondeu o habitante da ilha, agora hóspede do professor.

— Pois é. A renda total da ilha é a capacidade total de produção da ilha. Criamos uma medida que chamamos de Produção da Ilha Bruta (PIB). Esse PIB mede duas coisas ao mesmo tempo: a renda total auferida por todos os habitantes da nossa ilha e a despesa total com bens e serviços produzidos na ilha.

Figura 29

PIB
É a soma de todos os bens e serviços finais produzidos por um país

"A razão pela qual o PIB é capaz de medir as duas coisas simultaneamente é que, para a ilha como um todo, elas precisam ser iguais. Você se lembra do Josué? Sua renda total é igual à sua produção total. Da mesma forma que ele, a ilha hoje só consegue ter um padrão de vida elevado se for capaz de produzir uma grande quantidade de bens e serviços. Assim, vamos à sua percepção da tarde que passou sozinho visitando a Ilha do Norte. Por que algumas ilhas são tão melhores do que outras na produção de bens e serviços?"

— Não sei, professor — disse o habitante da ilha mais ao sul. — Posso até deduzir a resposta pela sua explicação sobre produtividade, mas ainda faltam algumas peças para completar o meu raciocínio.

— Exato. Sua dúvida certamente está ligada a como a produtividade é determinada. Voltemos à história de nosso primeiro habitante, o náufrago Robinson Josué. Embora a produtividade seja importante para determinar o padrão de vida de Josué, são muitos os fatores que a determinam. Por exemplo, ele pescará melhor se tiver mais varas de pesca, se tiver dominado as melhores técnicas de pesca, se a ilha tiver uma oferta abundante de peixes ou se inventar uma isca de pesca melhor, concorda?

O professor viu que seu hóspede havia concordado só pelo olhar de "Eureka" que tomou conta da sua expressão. Satisfeito, o professor continuou:

— Vamos chamar cada um desses fatores de determinantes da produtividade de Josué. Os equipamentos de pesca — ou seja, as varas — de Capital Físico, seu treinamento de Capital Humano, a abundância de peixes na ilha de Recursos Naturais, e a isca melhorada de Conhecimento Tecnológico.

Figura 30

DETERMINANTES DA PRODUTIVIDADE

- *Capital Físico*
- *Capital Humano*
- *Recursos Naturais*
- *Conhecimento Tecnológico*

Neste momento, o habitante da ilha interrompeu ao se lembrar de algo:

— São os fatores de produção que o senhor me ensinou dias atrás?

— Exatamente — disse o professor. — Que bom que você não se esqueceu, pois agora tudo ficará mais claro. As pessoas serão mais produtivas se tiverem mais ferramentas para trabalhar. Esses equipamentos e estruturas utilizados para produzir bens e serviços são chamados de Capital Físico, ou simplesmente Capital. Por exemplo, uma quantidade maior de equipamentos de pesca permite que os peixes sejam capturados com maior rapidez e precisão. Ou seja, um pescador que pesca apenas com as mãos produzirá menos peixes que outro que tem os equipamentos de pesca. Como bem lembrado por você, o Capital é um dos fatores de produção. O segundo determinante na produtividade é o Capital Humano. Esse não exige maiores explicações, pois você já aprendeu bem com o Josué. Se ele treinar mais para pescar, produzirá mais peixes. Essas habilidades se adquirem com educação, treinamento e experiência. Em outras palavras, quanto mais educação uma pessoa tiver, mas sua produtividade aumentará.

— É o meu caso, não é, professor? — disse rindo o habitante da ilha. — Só de passar esses dias com o senhor já serei mais produtivo.

— Sim — respondeu, satisfeito, o professor. — E compartilhar desse conhecimento ajudará sua ilha como um todo.

O professor prosseguiu:

— O terceiro determinante da produtividade são os Recursos Naturais. Como o próprio nome diz, é o que a natureza nos proporciona. No caso do Josué, é um mar repleto de peixes, ou terras férteis para cultivar bananas. Mas, veja bem, embora os Recursos Naturais sejam importantes, não são necessários ou impeditivos para que uma ilha seja altamente eficiente na produção de bens e serviços.

— Como assim? — indagou o, agora cheio de dúvidas, habitante da ilha.

— Lembra-se das varas de pesca de Josué? — perguntou o professor.

— Sim — respondeu seu hóspede.

— Pois é. Não naquela época, mas hoje nossa ilha importa os equipamentos de pesca de uma ilha bem distante daqui. Fiz uma visita há algum tempo a essa ilha distante no oriente. Ela é minúscula — nem árvores tem —, mas consegue fabricar os melhores equipamentos de pesca que existem. Eles não têm Recursos Naturais, mas são muito ricos, pois têm o quarto determinante da produtividade e o utilizam maravilhosamente bem: Conhecimento Tecnológico.

— Lembrando o caso de Josué, esse é a isca de pesca melhor, não é, professor?

— Sim. Uma tecnologia melhor — disse o professor. — Conhecer as melhores maneiras de produzir bens e serviços. Assim como Josué poderia capturar mais peixes por ter uma isca melhor. Você pode estar confuso agora porque são três os fatores de produção que lhe ensinei dias atrás: Terra, Capital e Trabalho. E agora estamos falando de quatro, sendo o Conhecimento Tecnológico o quarto. Tecnologia pode se confundir com os outros três fatores de produção — e se confunde —, mas tecnologia é conhecer as melhores maneiras de produzir os mesmos bens e serviços. Nós fabricamos varas de pesca e iscas também, que é o Capital. Mas os equipamentos fabricados na ilha do oriente são melhores e conseguimos produzir mais peixes quando utilizamos esses equipamentos com melhor tecnologia. Os orientais têm um conhecimento tecnológico maior na produção desse Capital, entendeu?

— Sim, professor. Agora ficou claro — disse bocejando o seu hóspede.

Eles estavam morrendo de sono, pois havia sido um longo dia de aprendizado — do café da manhã ao jantar. Assim, logo se recolheram para um merecido descanso.

CAPÍTULO 10

POUPANÇA E INVESTIMENTO

No capítulo anterior, o habitante da ilha aprendeu que aumentar a produtividade dos fatores de produção propicia um crescimento econômico saudável e sustentável. Agora ele entenderá o que uma sociedade precisa fazer para aumentar a sua produtividade.

O dia seguinte amanheceu e o hóspede do professor partiria naquela tarde. Ele estava ansioso, não para retornar para casa, mas para aproveitar aquela última manhã junto ao professor.

Logo cedo, durante o café da manhã, ele quis consolidar seu aprendizado para retornar e poder ajudar a economia da sua ilha se desenvolver.

Só pronunciou duas palavras antes da primeira pergunta:

— Bom dia! Professor, tudo ficou cristalino para mim após esses dias com o senhor. O crescimento saudável da economia ocorre por meio do aumento da produtividade dos fatores de produção. Como, na minha ilha, podemos viabilizar esse aumento da produtividade?

— Veja bem — disse o professor. — Vamos relembrar os fatores de produção: Terra, Capital e Trabalho.

Figura 31

"A Terra, ou seja, os Recursos Naturais vocês já têm, e lá na sua ilha existe a garantia da propriedade privada, pelo que pude notar na minha visita. Então, vamos aproveitar esse restinho de tempo juntos e falar sobre Capital e Trabalho. O Capital é um fator de produção produzido."

Agora, aquele olhar enrugado e fechado do habitante da ilha voltou.

— O quê?

— Pense novamente no Capital como sendo a vara de pesca — iniciou o professor. — Ela é fabricada. Então, como o Capital é um fator de produção produzido, a sua ilha pode alterar a quantidade de capital de que dispõe. Utilizando esse exemplo, vocês irão precisar fabricar as varas de pescar. E, quanto mais varas, maior o estoque de Capital. Você se lembra que logo que nos conhecemos falamos sobre aquele artefato, a escada, que permite que se colha mais cocos?

— Sim — respondeu o habitante.

— Então, a escada também é Capital, e se vocês fabricarem mais delas o estoque de Capital da ilha também aumentará. Agora é só imaginar todos os bens de Capital que vocês dispõem.

— Sim, sim — o hóspede do professor balançava a cabeça e anotava tudo.

— Entendeu? Então anote isto em destaque: quanto maior o estoque de Capital de uma sociedade, mais bens e serviços ela poderá produzir. Portanto — prosseguiu o professor um pouco mais lentamente para que o habitante conseguisse anotar tudo —, para aumentar a produtividade futura é necessário investir os recursos correntes na produção de Capital.

— A acumulação de Capital é o segredo! — exclamou o habitante da ilha.

— Sim, a acumulação de capital é imprescindível — reforçou o professor. — Mas as pessoas enfrentam trade-offs.

— Trem o quê? — balbuciou o habitante.

— Trade-off é uma expressão que quer dizer que para conseguir uma coisa você tem que abrir mão de outra, como se fosse uma troca. Deixe-me explicar o que estava falando sobre acumulação de capital que você vai entender melhor essa expressão. Vocês têm dinheiro sobrando lá na sua ilha, em abundância?

— Não, não temos.

— Está bem. Fique tranquilo, pois partimos do pressuposto que em qualquer lugar os recursos sempre são escassos. E, como os recursos são escassos, dedicar mais recursos à produção de capital implica dedicar menos recursos à produção de bens e serviços para consumo corrente.

— Nossa professor, mas isso parece uma questão sem saída — disse o habitante da ilha. — Se quase não temos recursos nem para consumo corrente, como vamos resolver isso?

— O crescimento econômico que decorrerá da acumulação de capital não será gratuito — disse o professor. — Ele exige que a sociedade sacrifique o consumo de bens e serviços no presente para desfrutar de maior consumo no futuro. Aqui, na Ilha do Norte, nós chamamos isso de poupança. E, a produção de capital, nós chamamos de investimento.

Poupança e investimento, anotou o habitante da ilha em letras garrafais.

Prosseguiu o professor:

— A poupança gera investimento, que gera acumulação de capital, que gera crescimento econômico. E, no futuro, todos consomem mais e melhor.

— E o trabalho? — perguntou o já quase ex-hóspede do professor.

— Educação, meu caro. O investimento em Capital Humano é pelo menos tão importante quanto o investimento em Capital Físico. Se por um lado você precisa investir em mais produção de bens de capital para melhorar a produtividade desse fator de produção, por outro, investir em educação vai melhorar a produtividade do fator de produção Trabalho. E, se você pensar bem, o fator Trabalho também é importante na produção do fator Capital. Logo, aumentar a produtividade do trabalho trará benefícios para todos os fatores de produção, analisados de forma isolada.

— Professor — disse o hóspede —, nunca pensei que a ciência econômica fosse tão importante para toda sociedade. As pessoas nem imaginam como suas vidas são impactadas por esses conceitos tão desconhecidos pela maioria delas.

— Vamos lá, meu hóspede, você precisa correr para não perder o último barco que sai agora no horário do almoço, pois ele não pode navegar durante a noite. Ele precisa chegar na sua ilha, no máximo, ao entardecer.

Correndo com seus pertences na mão, já se despedindo do professor, o habitante da ilha não perdeu o costume e fez uma última pergunta.

— Mas, professor, poupança e investimento, como vamos viabilizar isso lá na ilha?

Ah, isso é mais complicado. Conversaremos sobre esse assunto daqui a alguns meses quando nos reencontramos. Agora, corra para não perder o seu barco.

PARTE II

COMO OS MERCADOS FUNCIONAM

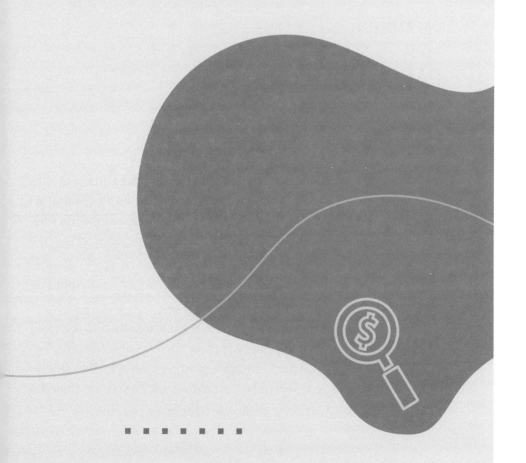

CAPÍTULO 11

PAPEL-MOEDA

Na Parte I da fábula, compreendemos a economia de forma bem simples. Como sempre relembro, a economia, ao contrário do que muitos pensam, não é uma ciência exata, mas sim uma ciência social; ou seja, é a nossa natureza humana que explica como interagimos, criamos e mantemos um sistema econômico.

Agora, na Parte II da nossa *Fábula do Estado da Ilha*, explicarei como os mercados funcionam.

Bem, no último capítulo da Parte I, o habitante da ilha retornou para casa, satisfeito como sempre com os novos conhecimentos. Porém, ele estava ansioso para entender por que o crescimento econômico sustentável só é viável por meio da poupança e do investimento.

As últimas palavras do professor ficaram em sua mente:

> "A poupança gera investimento, que gera acumulação de capital, que gera crescimento econômico e, no futuro, todos consomem mais e melhor."

Alguns meses se passaram, e todos aqueles conceitos econômicos aprendidos já faziam a diferença no desenvolvimento da economia do Estado da Ilha. Mas, como ele previra, o crescimento atingiu uma limitação devido aos fatores de produção explicados pelo professor no último encontro.

Não tardou para que ele retornasse ao Estado do Norte para matar sua ansiedade no reencontro com o professor, que com certeza lhe daria respostas às muitas dúvidas que surgiram nesse período.

Para sua surpresa, o professor o aguardava no cais do porto, embarcado num grande barco com mastros enormes e panos amarrados a eles, como se fossem bandeiras arriadas.

Com o sorriso e a hospitalidade de sempre, o professor convidou o habitante do Estado da Ilha para ir ao seu encontro. Quando embarcou naquele grande barco, ele ficou impressionado — nunca havia visto algo parecido. Não conteve sua ansiedade e começou a fazer várias perguntas ao mesmo tempo.

— Calma. Vamos até lá — disse o professor apontando para a praça do cais do porto. — Naquele comércio podemos almoçar e colocar nossa conversa em dia. Fiz questão de recebê-lo nesse grande barco porque ele me ajudará a explicar o que deixamos para esse encontro.

— Mas são tantas perguntas professor — disse o visitante recém-chegado.

— Eu sei — respondeu o professor. — Mas lembro que na nossa despedida fiquei de lhe explicar melhor sobre como viabilizar a poupança e o investimento para criar uma economia sustentável.

— Isso mesmo — respondeu o habitante. — Passei todos esses meses com suas últimas palavras em minha mente: "A poupança gera investimento, que gera acumulação de capital, que gera crescimento econômico e, no futuro, todos consomem mais e melhor." Preciso decifrar como esse ciclo virtuoso pode ser viabilizado no Estado da Ilha. Apesar de termos colocado em prática tudo que o senhor ensinou, nossa economia "empacou". Mas não entendi o que esse grande barco tem a ver com isso.

Neste momento, chegou à mesa o já conhecido e apreciado prato: carne com batatas. Salivando, o habitante da ilha exclamou, rindo:

— Isso não conseguimos replicar na nossa ilha.

O professor o acompanhou com uma longa gargalhada e, na retomada do fôlego, os dois comeram feito "padres".

— Gostou? — perguntou o professor ao habitante assim que ele deu a última garfada.

Ainda com a boca cheia, e antes de conseguir responder, o professor emendou:

— Aposto que está mais gostoso que os anteriores.

— Exato, tirou as palavras da minha boca. Como isso é possível? — perguntou o habitante do Estado da Ilha.

— Essa carne não é daqui — respondeu o professor.

Sem entender nada, o habitante da ilha coçou a cabeça e, naquele minuto de silêncio, vieram à sua mente as imagens do grande barco e da carne saborosa.

— O senhor está muito misterioso, professor. Tudo o que vi e experimentei desde que cheguei é novo para mim.

— A carne também me ajudará a explicar e a consolidar alguns ensinamentos novos e antigos.

Naquele momento, o professor pagou a conta do almoço com algo parecido com pedaços de folhas. Aquilo foi demais para o habitante do Estado da Ilha. O que acontecera com as moedas de cobre?

— O que é isso que o senhor utilizou para pagar o almoço?

— Isso é o que nós chamamos de "papel-moeda" — disse o professor ao habitante do Estado da Ilha.

Ele, coitado, não estava entendendo nada — dava para ver na sua cara. Mas estava apreciando toda confusão; afinal, o objetivo de sua viagem era justamente adquirir novos conhecimentos.

— Como surgiu esse "papel-moeda"? Por que ele tem valor? E por que o dono do comércio aceitou esse pedaço de folha?

Já caminhando pelas ruas do Estado do Norte, o professor começou a explicar:

— Com o desenvolvimento da nossa economia, grandes volumes de moedas passaram a ser utilizados em nossas transações. Afinal, as empresas cresciam e as pessoas ficavam mais ricas.

O termo "empresas cresciam" fez os olhos do habitante do Estado da Ilha brilharem. Era exatamente o que ele buscava nesta viagem. Entender como as empresas crescem e as pessoas ficam mais ricas. Então — com medo de perder o fio da meada — ele interrompeu o professor:

— Como vocês tornaram isso possível, professor?

O professor novamente pediu calma ao seu hóspede e aluno. E disse:

— Você me pediu para explicar sobre como surgiu o papel-moeda, e agora é isso que estou explicando. Mas entendo o que despertou a sua memória e a sua curiosidade. Vou adiantar só esse ponto para sua ansiedade não matá-lo. "Pessoas mais ricas" é igual à poupança; e "empresas crescendo" é igual ao investimento.

Aquele brilho de outrora surgiu novamente nos olhos do habitante do Estado da Ilha — o brilho de quem viu as portas de um novo mundo se abrir novamente.

— Mas isso explicarei depois — pontuou o professor. — Vamos voltar ao surgimento do papel-moeda. Empresas maiores e pessoas mais ricas significam economia crescendo e transações comerciais e financeiras aumentando. Bens mais valiosos necessitam de volumes grandes de moedas para efetuar as transações. Todos nós depositamos todas as nossas moedas no banco, e nosso comprovante é um recibo de depósito. Quando precisamos comprar algo, vamos ao banco e retiramos uma parte das nossas moedas para fazer frente às nossas necessidades.

O habitante do Estado da Ilha entendia tudo, até porque não havia nenhuma novidade na explicação.

O professor prosseguiu:

— Bem, para as necessidades diárias parecia tudo perfeito nesse sistema. Mas, quando compramos algo de alto valor, ou as empresas realizam grandes transações, precisamos de ajudantes para carregar uma quantidade maior de moedas.

— Nossa, é verdade! Imagino o trabalho para carregar todas essas moedas — disse o habitante do Estado da Ilha. — E como vocês solucionaram isso?

— Foi simples e intuitivo — respondeu o professor. — Passamos a trocar os recibos de depósito.

— Como assim? Não achei simples e intuitivo.

O professor, rindo, prosseguiu:

— Vamos lá, vou explicar isso passo a passo. Quando precisávamos comprar algo de alto valor, íamos ao banco retirar nossas moedas. Porém, como eram muitas e o peso era enorme, com o tempo passamos a pagar com o próprio recibo de depósito.

— Ah, comecei a entender — disse o aluno atento.

— Mas tinha um problema — disse o professor. — O recibo nunca era do mesmo valor da transação. Então, apesar de isso nos evitar carregar muito peso, gerava certa confusão. Tínhamos que ir ao banco pedir para fracionar o recibo. Por exemplo, ao invés de só um recibo de 1 mil moedas, 10 recibos de 100 moedas, ou 100 recibos de 10 moedas. Dessa forma, ficava mais fácil realizar as transações. Com o tempo, todos depositavam as moedas no banco e passaram a receber vários recibos de depósito. O banco acabou padronizando esses recibos — e temos aqui no Estado do Norte recibos de 1 mil, 500, 100, 50, 10 e 5 moedas. Com o tempo ninguém mais precisou carregar moedas, só esses recibos. Assim, surgiu o papel-moeda.

— Nossa, professor, realmente, depois que o senhor explica parece simples e intuitivo mesmo.

O habitante do Estado da Ilha já passara rapidamente para a próxima pergunta:

— Mas e aquele barco gigante com aquele pano enorme pendurado?

— Aquilo se chama navio, e o pano gigante pendurado é uma vela — respondeu o professor.

— Vela? Aquilo queima? — exclamou o seu querido aluno.

Com um sorriso no rosto, o professor respondeu:

— Não, vela é o nome que deram ao mastro com o pano. Aquele pano se abre e o vento empurra o grande barco. Com isso, não precisamos mais de tantos remadores e chegamos bem mais rápido ao nosso destino.

— Quem deu? — perguntou o habitante do Estado da Ilha sobre o nome do grande mastro com pano.

— Temos vários desses viajando pelos mares levando e trazendo nossas mercadorias. Chamamos essas embarcações de navios mercantes, mas não fomos nós que os inventamos. Isso, e muitas outras coisas que nos ajudam atualmente, aprendemos e copiamos do pessoal das ilhas do leste.

A informação de ilhas ao leste era desconhecida do habitante do Estado da Ilha.

— Como assim, existem outras ilhas ao leste?

— Não só existem como são bem mais antigas que as nossas. É um velho mundo que descobrimos em nossas viagens — afirmou o professor.

— Mas como o senhor sabe que são mais antigas? — perguntou o aluno, curioso.

— Porque são bem mais desenvolvidas do que nós. Mas isso vou te contar após o jantar — disse o professor já chegando na sua residência.

Os dois então entraram, e o habitante do Estado da Ilha foi para o quarto de hóspedes, como já era de costume.

CAPÍTULO 12

AÇÕES

Após o banho, o habitante do Estado da Ilha — empolgado por receber novos conhecimentos — foi sozinho para a sala e esperou o professor para o jantar.

Ao adentrar na sala, o professor olhou para seu hóspede e deu aquele sorriso de quem sabia que ele estava ansioso — não pela refeição, mas pelo bate-papo durante o jantar. Para não deixar seu convidado mais agoniado ainda, o professor nem se sentou e já apontou para a mesa do jantar num sinal de convite para se sentarem.

Já sentados, o hóspede se conteve e permaneceu em silêncio, sem perguntas, para não parecer mal-educado perante o seu anfitrião. O professor serviu água e acabou com a tortura, fazendo ele mesmo a primeira pergunta:

— Você com certeza quer conversar, mas não quer parecer mal-educado, então me responda: por que as empresas da sua ilha pararam de crescer?

Naquele momento, um longo suspiro interrompeu o silêncio do habitante do Estado da Ilha, denunciando que ele prendia a respiração como forma de conter a sua ansiedade:

— Professor, implementamos todos os seus ensinamentos e a economia vai bem, mas ela parou de crescer. Seus ensinamentos sobre poupança e investimento ajudaram bastante, os habitantes da ilha que conseguiram poupar parte de sua renda estão emprestando para os empreendedores investirem nos seus negócios.

— Feitos com os contratos de empréstimos que expliquei nos nossos encontros? — perguntou o professor.

— Exato, professor — respondeu seu hóspede.

— Esses contratos ficaram caros para as empresas, o que inviabilizou a continuidade do crescimento — constatou o professor.

— Explique melhor — pediu o habitante do Estado da Ilha. — As empresas e a economia pararam de crescer, e sei que os contratos de empréstimo ficaram mais caros, mas não entendo essa dinâmica.

— Veja, passamos por isso também — disse o professor.

Assim, ele passou a explicar:

— Como as empresas precisam de recursos para ampliar seus negócios e, além dos seus próprios lucros, só contam com os contratos de empréstimos como fontes de recursos, em algum momento essa fonte começa a ficar escassa pela procura maior dos empreendedores.

— É verdade, professor — interrompeu o habitante do Estado da Ilha. — No princípio havia sempre disponibilidade quando os empreendedores buscavam esses empréstimos, porém depois foram ficando escassos e os poupadores começaram a cobrar juros maiores para emprestar.

— Sim, como havia lhe explicado tempos atrás — respondeu o professor. — Mas é um ciclo vicioso mais complexo, os juros também aumentam porque as empresas estão piores, pois foram afetadas por uma desaceleração da economia da ilha. Pense bem, se a economia para, as empresas vendem menos, e com menos lucros as dívidas pesam mais para as empresas. Elas sentem maiores dificuldades para assumir mais compromissos com mais dívidas. E essa dificuldade maior faz com que os poupadores aumentem o preço do seu dinheiro, que é expresso pela taxa de juros cobrada para emprestar.

Agora, o hóspede do professor ficou com a já conhecida expressão no rosto. Aquela de quem não consegue enxergar uma saída para o problema.

O professor nem esperou o habitante do Estado da Ilha fazer a próxima pergunta — pois já sabia qual seria — e falou:

— Você deve estar curioso para saber como encontramos uma solução, não é mesmo?

O habitante apenas consentiu com a cabeça, pois ainda estava apreciando o jantar e sabia que, dali em diante, para aprender, deveria escutar mais do que falar.

O professor então prosseguiu:

— Na realidade nós copiamos a solução da Ilha do Leste, que mencionei mais cedo. Nas viagens para encontrar novos clientes para os produtos do Estado do Norte, descobrimos essa pequena ilha ao leste. E esta saborosa carne que você está comendo vem de lá.

— Deliciosa!

Seu hóspede teve apenas essa reação, enquanto comia e prestava atenção no professor, que continuou:

— Quando chegamos a essa pequena ilha, logo notei que a economia de lá era pujante, pois não só o cais do porto estava muito movimentado, como me deparei com várias coisas desconhecidas. A primeira, lógico, foram esses imensos navios que conseguimos ver antes mesmo de atracar na nova ilha.

— Entendi por que o senhor disse que o grande barco com o pano enorme ajudaria explicar o que vim aprender — balbuciou o habitante do Estado da Ilha.

— Navio mercante. E o grande pano é uma vela — lembrou o professor. — Eram vários navios. Logo imaginei que seriam de vários habitantes da Ilha do Leste, cada qual com seu navio, e o quanto deveria ter sido trabalhoso e caro construir esses imensos barcos. Mas, para a minha surpresa, ao pesquisar junto à população da nova ilha, me foi dito que não eram de uma só pessoa nem de uma só empresa. No início, houve uma empresa fundada por uma só pessoa, mas agora eram várias empresas com vários "donos" cada uma.

O habitante do Estado da Ilha — sem falar nada — só arregalou os olhos na conhecida expressão de novas descobertas, e continuou atento.

— Eu também fiquei com essa mesma expressão — disse o professor rindo. — Perguntei ao meu interlocutor da pequena ilha como uma empresa podia ter vários donos, pois para fabricar um primeiro barquinho uma pessoa só era suficiente.

— Sim — respondeu ele. — Aconteceu aos poucos para se chegar até aqui. Primeiro fomos cada um ampliando nossa própria produtividade, principalmente com a pesca.

Neste momento, o habitante do Estado da Ilha se lembrou da aula dada pelo professor do Estado do Norte sobre produtividade: Tecnologia, Capital e Trabalho.

O habitante da pequena Ilha do Leste prosseguiu:

— Descobrimos que, com barcos maiores, era possível passar mais tempo pescando, pois conseguimos armazenar mais peixes e passar mais dias no mar antes de voltar à ilha. Ou seja, muito mais peixes com custos bem menores por unidade.

"Esse desenvolvimento dos barcos de pesca fez com que dominássemos a construção de grandes barcos com essas velas enormes que ajudavam a empurrá-los sem a necessidade de muitos remadores.

"Ao mesmo tempo, outros barcos menores levavam nossa carne para vender em outras ilhas. Com o sucesso do nosso produto, todas as ilhas passaram a querer cada vez mais da nossa carne. Imagine o trabalho para transportar toda essa demanda! Com o crescimento do negócio e o tempo, nem todos os barcos da ilha eram capazes de transportar tanta carne."

O professor do Estado do Norte agora era o aluno interessado nas lições da Ilha do Leste, e prosseguiu ouvindo:

— Para não perder essa grande oportunidade de comércio com as outras ilhas, um de nossos empreendedores (dono de um grande barco) desenhou um projeto de um barco maior ainda, enorme. Deu a ele o nome de Navio Mercante. Mercante porque tinha a função de fazer o comércio pelos mares.

— Mas como ele conseguiu construir um barco tão grande assim sozinho? — perguntou o professor.

— Não foi sozinho — respondeu o habitante da Ilha do Leste.

— Como assim? — indagou o professor.

— Calma, deixe-me explicar com detalhes.

Desta vez, era o habitante da Ilha do Leste que tentava controlar a ansiedade do professor do Estado do Norte.

— O projeto era muito lindo, mas ambicioso demais. Ninguém sozinho teria tantos recursos para construir esse navio. Mas o empreendedor estava empolgado e outros empreendedores também enxergavam essa enorme oportunidade de obter lucros exorbitantes.

"Então o dono do projeto fez uma proposta: me ajudem a construir o navio e a financiar os custos da viagem que no retorno eu divido os lucros com quem participar da minha empreitada.

"Um dos interessados questionou:

"— Temos vários problemas. Se você tiver sucesso será pela participação de todos, mas com a sua parte no lucro você não precisará mais de nós para as próximas viagens. Além disso, o barco navegando a essa velocidade que você disse que ele navega, pode não conseguir desviar das grandes rochas no oceano, e uma delas pode riscar o casco e afundar o navio. Daí todos nós perdemos.

Figura 32

RISCO
Um dos estudos etimológicos diz que a palavra risco teve sua origem no latim resecare, que significa "cortar", correspondendo ao risco a que estavam expostas as embarcações devido a desconhecida geografia marítima

"— E o que vocês desejam? — perguntou o visionário empreendedor.

"— Se você tiver sucesso, queremos participar das próximas viagens. Queremos também uma compensação na nossa participação, ou seja, uma parte maior do lucro por causa da possibilidade do casco do navio ser riscado e afundar.

"Como um bom visionário e arrojado empreendedor, ele não só topou como propôs a solução que vigora até hoje nas empresas da ilha."

— E qual foi? — perguntou o professor.

— Ele ofereceu uma participação eterna na empresa, que deu o nome de Companhia das Ilhas, e pela possibilidade de risco no casco do navio, uma proporção maior na participação. Achei muito sensato da parte dele: possibilidade maior de risco no casco, participação maior no lucro.

Figura 33

RISCO X RETORNO
Quanto maior o risco maior deve ser retorno esperado

— Mas como ele oficializou isso? — perguntou o professor, curioso.

— Como os donos de empresas aqui na ilha possuem um papel que confirma a propriedade da empresa, ele criou um papel igual para cada um que participou do seu projeto. Foi um sucesso total. Ao todo, cem habitantes quiseram participar da Companhia das Ilhas. Assim, ele deu um papel para cada, que logicamente representava uma parte de cem — que nós chamamos na época de um por cento. Um papel seria a menor fração de participação na nova empresa. Dessa forma, os lucros seriam divididos por cem novos donos.

Figura 34

> **AÇÃO**
> **Uma ação representa a menor fração do capital de uma empresa.**

O professor, de maneira perspicaz, argumentou:

— Mas vejo um problema aí.

— Qual? — indagou o habitante da Ilha do Leste.

— Você disse uma participação eterna?

— Sim — confirmou ele.

Figura 35

> **A ação é um título de prazo indeterminado**

— Como essa nova solução se desenvolveu? A participação eterna não afugentou novos investidores em novas empresas? Afinal, já que era eterna não dava a possibilidade de abandonar a Companhia das Ilhas e pegar seu dinheiro de volta.

— É mesmo — interrompeu o habitante do Estado da Ilha após aquele inédito longo período em silêncio. — E o que ele respondeu, professor?

— Que só me contaria no dia seguinte. E eu também só te contarei amanhã. Devido ao avançado da hora, hoje não teremos nem sobremesa — disse bocejando o professor.

— Nem precisa — respondeu o habitante do Estado da Ilha, já se levantando em direção ao seu quarto de hóspedes. — Como só o senhor falou durante o jantar, acabei comendo demais. Estou mais do que satisfeito com a refeição e com os ensinamentos de hoje.

CAPÍTULO 13

COMO SURGIU A BOLSA DE VALORES

Minutos após o sol raiar, o habitante do Estado da Ilha já estava à espera do professor para o café da manhã.

O professor, ao se sentar com seu hóspede à mesa, lhe serviu o café e perguntou:

— Então, meu caro, a ansiedade o deixou dormir e ter um bom descanso?

Ao que respondeu o bocejante hóspede:

— Não, professor. É como se eu estivesse perdendo tempo dormindo em vez de aprender com seus ensinamentos. Mas sei que o descanso também é importante.

— Mas, já que iniciamos a conversa, conte-me o que o habitante da Ilha do Leste lhe contou no dia seguinte? — emendou, rindo, o hóspede do professor.

— Entendo essa ansiedade, pois fiz exatamente o que você faz agora — disse o professor, compartilhando o riso com o habitante do Estado da Ilha. — A dúvida sobre esse tal de investimento eterno não me deixou dormir. Como uma pessoa pode investir suas economias sem saber quando poderá resgatá-las de volta? Até então, no meu entendimento, os empréstimos eram os únicos investimentos e tinham data para serem pagos de volta.

— Também estou sem entender — disse o habitante do Estado da Ilha.

— Pois é, fiz essa pergunta para meu interlocutor da Ilha do Leste na manhã seguinte — prosseguiu o professor. — E ele passou a me contar como esse mercado de financiamento das empresas se desenvolveu:

— A primeira viagem do navio mercante, entre a ida e a volta, levou aproximadamente doze meses. Os sócios do empreendedor mercante ficaram com uma ansiedade quase que incontrolável. Várias dúvidas foram levantadas nesse período.

— Não consigo nem imaginar — interrompeu o professor do Estado do Norte.

— Exato. Eram dúvidas inimagináveis — respondeu o habitante da Ilha do Leste. E prosseguiu: — O navio mercante poderia ter se danificado durante a longa navegação. E mais, se o atraso fosse na viagem de ida, perderia parte de suas vendas. Nesse caso, os sócios investidores teriam um retorno menor com um prazo mais longo, o que afetaria muito a rentabilidade dos seus investimentos.

— Na volta também — interrompeu o professor. — Afinal de contas, o lucro só seria distribuído na chegada da viagem.

— Sim — prosseguiu o habitante da Ilha do Leste. — Para os sócios investidores só interessa quando o lucro estiver em mãos. Mas a dúvida pior era: e se o navio tivesse afundado? Nesse caso, perderiam todo o investimento.

— E como eles controlaram essa ansiedade agonizante? — perguntou o professor.

— Não havia como controlar, eles sofreram mesmo. Mas, quando o navio atracou no cais do porto, foi um alívio. Apesar do lucro e do prazo não terem sido o que todos esperavam, o mais importante era que a empreitada, em si, fora bem-sucedida.

— Como assim? — questionou o professor. — Eles não ficaram tristes com o retorno menor num prazo maior?

— Essa tristeza, apesar de não expressada, existiu. Mas o mais importante para todos foi que esse novo mercado de investimentos havia se provado viável. E todos ficaram felizes com um futuro mais promissor para a economia da Ilha do Leste.

— E então, eles repetiram a viagem? — perguntou ansiosamente o professor.

— Sim. O ambiente de confiança na nova economia chamou a atenção de novos investidores. No entanto, uma parcela mais cética ainda enxergava muito risco nesse novo tipo de investimento. Mas, no fim, deu certo. Apesar da probabilidade de o navio afundar ainda ser muito alta, a confiança dos mais arrojados era maior. Tanto que, enquanto os tripulantes da Companhia das Ilhas tiravam um merecido descanso, outros empreendedores construíram novos navios, já financiados por novos investidores. Todos queriam participar dessa nova modalidade de investimentos.

— Por que tinha uma expectativa maior de retorno devido aos lucros potenciais, não é mesmo? — perguntou o professor.

— Exato — respondeu seu interlocutor da Ilha do Leste. — Nunca se esquecendo da grande possibilidade de o navio afundar.

Neste momento, o habitante do Estado da Ilha interrompeu o relato do professor, e perguntou:

— Como alguém pode investir suas economias num negócio desses? Eles têm o investimento dos empréstimos com maior segurança.

— Veja bem — respondeu o professor, que havia entendido a lógica dos investidores da Ilha do Leste. — Os empréstimos têm mais segurança, mas pagam menos, ou seja, dão menos retorno. Já as participações na Companhia das Ilhas têm menor segurança, mas pagam mais, dão mais retorno. A dúvida dos investidores era quanto ao navio afundar ou não. Se o casco sofrer um risco pequeno ele se atrasa, mas não afunda. Mas, se sofrer um risco maior, ele afunda.

— Ah, entendi — ponderou o habitante do Estado da Ilha. —Quanto maior o risco, maior o retorno.

— Exato. Mas deixe-me continuar — pediu o professor.

— Novos navios mercantes? — perguntei ao habitante da Ilha do Leste.

— Sim — respondeu ele. — Os construtores de barcos já acompanhavam o projeto inicial do empreendedor do navio mercante e, vendo a expectativa de sucesso, já deixaram tudo preparado para construir seus navios e criar suas empresas, já que havia uma grande quantidade de novos investidores interessados em financiar seus projetos.

"Mais de seis novos navios partiram para novas viagens mercantes. Como a carne conservada no sal e no sol tinha uma alta durabilidade, os navios partiram lotados de carga e dispostos a passar um longo período no comércio pelos mares. Seis novas empresas e muitos investidores estavam agora esperançosos com a nova empreitada."

— Impressionante — interrompeu o professor do Estado do Norte. — E como foram essas novas viagens?

— Nos primeiros meses, todos mantiveram o otimismo. Foi quando surgiu um movimento interessante aqui na ilha. Após a partida dos navios, ainda havia investidores interessados em participar dos negócios, mas que não tinham conseguido contato com as novas empresas.

"Todos os investidores se encontravam aqui, na praça do cais do porto, para conversar sobre as empresas e seus investimentos. Compartilhavam expectativas e preocupações; era um ponto de encontro para controlar a ansiedade. Mas os que ficaram de fora, e outros curiosos, também participavam desses encontros.

"Conforme o tempo passava, alguns investidores iam ficando mais preocupados, alguns desanimados, outros afetados por emergências em que precisavam de recursos, porém haviam utilizado tudo na compra de participações das empresas. Enfim, muitos se arrependiam do investimento eterno porque não tinham como resgatar seus recursos.

"Os que estavam interessados passaram a reconhecer aqueles que queriam desistir. Até que um deles fez uma oferta para comprar a participação do outro. Negociaram um valor por essa participação e fecharam o acordo, ou seja, o que queria entrar no negócio pagou para entrar e o que queria desistir recebeu para sair."

— E como esse acordo era oficializado? — perguntou o professor.

— Foi simples. Como cada um portava o papel que lhe dava o direito de participação na empresa, era só passar o papel para aquele que havia comprado. Era a participação ao portador. Com o tempo, como quem participa da ação da empresa tinha uma participação, o papel passou a se chamar apenas de ação. Ou seja, quem tinha a posse da ação era sócio.

Neste momento, o professor, reflexivo, o interrompeu:

— Como eram direitos de sociedade, e eram ao portador, essas sociedades eram anônimas, não?

— Sim — respondeu o habitante da Ilha do Leste. — A informação de quem tinha os papéis não era pública. E essa segunda expedição demorou bem mais do que a primeira, em torno de trinta meses.

— Nossa! Ninguém morreu de ansiedade? — perguntou o professor rindo.

— Não. Depois do primeiro negócio de troca de ações entre os investidores, esse mercado na praça do cais do porto ficou mais dinâmico a cada dia. Sempre havia alguns investidores desanimados e, por outro lado, alguns esperançosos. Assim, todos os dias as ações eram negociadas e trocavam de mãos.

— Caramba! — expressou o professor. — Um novo mercado de investimentos surgiu no curso normal dos negócios e das aspirações dos investidores. Mas, com o crescimento desse mercado na praça, não houve confusões?

— Sim, no princípio muitas. Inclusive algumas brigas — respondeu o habitante da Ilha do Leste.

— Por quais motivos? — indagou o professor do Estado do Norte.

— Ah, tinha dias que somente alguns queriam vender sua participação e muitos desejavam comprar. Daí já viu, né? Briga entre os compradores. Cada um afirmando que tinha recebido a oferta antes do outro. Como o interessado em vender ia conversando com um de cada vez, tentando vender a sua ação, em dado momento os indecisos acabavam por se decidir, mas já era tarde. A venda estava sendo fechada com outro.

— Imagino essa praça cheia de gente negociando de forma desorganizada, um verdadeiro caos — constatou o professor. — Pelo que vejo hoje, apesar desse burburinho todo, os negócios estão organizados. Como vocês fizeram isso?

— Organizando — respondeu rindo o habitante da Ilha do Leste. — Mas isso eu te conto durante o almoço. Vamos ali naquele comércio onde estão todos os investidores da praça.

— Já sei — o habitante do Estado da Ilha interrompeu o relato do professor. — Vamos almoçar também. Mas desta vez eu pago, afirmou ele contundente, satisfeito com as novidades inovadoras do mercado que ele havia aprendido naquela manhã.

CAPÍTULO 14

COMO FUNCIONA A BOLSA DE VALORES

O professor e o habitante do Estado da Ilha apreciavam uma agradável refeição enquanto conversavam sobre o almoço do professor no restaurante da praça do cais do porto com o habitante da Ilha do Leste.

Nesse relato, o professor do Estado do Norte contava como havia sido sua conversa para entender a organização dessa negociação de ações — a princípio desorganizada.

— Então o habitante da Ilha do Leste me levou ao restaurante do comércio bem na frente da praça do cais do porto — iniciou o professor. — Lá, em pleno burburinho dos negócios na praça, ele elevava um pouco a voz para que eu pudesse entender o que falava, já que a gritaria proveniente das negociações era quase ensurdecedora. Eu, lógico, estava impressionado com tudo aquilo. Tudo era muito novo e incompreensível para mim. Como ele podia chamar aquela bagunça de organização?

O habitante do Estado da Ilha, então, o interrompeu:

— Mas que gritaria era essa, professor?

— Todos naquela praça gritavam... Uns querendo comprar, outros vender, uma verdadeira bagunça — respondeu o professor. —Mas por incrível que pareça parecia uma bagunça organizada mesmo — completou rindo...

O habitante do Estado da Ilha, curioso, prosseguiu perguntando:

— Mas ficavam só gritando? Ninguém fechava negócio?

— Durante o almoço, enquanto meu novo amigo da Ilha do Leste tentava me explicar, eu ficava observando as movimentações na praça. Numa das explicações, ele chamou a minha atenção:

— Olhe o chafariz no meio da praça, lá onde todos estão aglomerados. Está vendo aquele rapaz rabiscando naquela grande pedra?

— Sim — respondi.

— É ele que organiza a bagunça. No início, ficou combinado que às dez horas da manhã todos os interessados nas ações das companhias da ilha se encontrariam aqui na praça para comprar ou vender as suas ações. Como disse anteriormente, nesse início aconteceram alguns desentendimentos.

— Por quê? — indagou o professor.

— Porque a desorganização era total. Uns vendiam por um preço, ao mesmo tempo que alguns compravam por outro. Imagine só, todos chegando às 10h e tentando comprar ou vender ao mesmo tempo entre todos. Uma bagunça total.

"Com o tempo, alguns que não tinham nem interesse, nem sangue para enfrentar essa bagunça, começaram a pagar uma pequena comissão para outros habitantes que faziam serviços de despachantes; esses que topam fazer os serviços burocráticos aqui da ilha."

— Como assim? Não entendi — interrompeu o professor.

— Por exemplo: nem eu e creio que nem você, pelo que estou vendo, teríamos vontade e disposição para entrar no meio daquela gritaria ali pra fazer negócios. Para nós, seria melhor pagar uma pequena comissão para aquele sujeito ali, que está quase enfartando agora...

— Aquele de cabelo claro? O baixinho? — perguntou o professor.

— Sim, baixinho, mas barulhento! Parece que ele sabe fazer bem esse papel, o que não parece ser a nossa praia, professor — afirmou rindo seu interlocutor.

— Por favor, prossiga — pediu o atento professor.

— Muitos habitantes aqui da ilha, vendo a oportunidade nesse novo mercado de investimentos, se especializaram nesse serviço e passamos a chamá-los de corretores, já que eram despachantes de outros serviços. Mas esse das ações era mais corretagem de negócios do que serviços burocráticos. Com o tempo, os investidores contratavam, cada qual, os seus corretores. Isso dependia da afinidade e da capacidade de cada um em fechar negócios. Assim, cada corretor se reunia com seus investidores antes das 10h para saber o que desejavam; comprar ou vender e a que preço. E às 10h, quando a praça abria os negócios, cada corretor tentava fechar os dos seus clientes.

— Naquela roda ali todos são corretores? — interrompeu o professor.

— Sim — respondeu o habitante da Ilha do Leste.

— Mas e o cara da pedra ali, que você me disse antes? O que ele faz? — perguntou o professor.

Com um sorriso no rosto, seu interlocutor prosseguiu:

— Para organizar melhor a bagunça, sempre que um negócio com a ação de uma das empresas aqui da ilha é fechado, ele anota na pedra a quantidade e o preço. Assim, todos ali na roda têm um referencial. Eles utilizam esse referencial para ficar gritando as suas ofertas lá naquela roda. Parece aqueles leilões na feira daqui, onde o pessoal negocia batatas, cocos e trigo, apregoando seus preços. Por isso, passamos a chamar esse momento do dia — em que as negociações estão abertas aqui na praça — de pregão. Um nome mais bonito para essa gritaria de gente tentando comprar ou vender.

— E esse pessoal aqui no restaurante assobiando e chamando os corretores que estão ali na praça? — interrompeu novamente o professor.

— São os investidores. Daqui dá para ver a cotação anotada lá na pedra, está vendo?

— Sim — respondeu o professor.

— Como esse negócio com as ações aqui na praça fica visível para todos, acaba despertando muita ansiedade. Todos os investidores acabam ficando nos arredores, observando os negócios. Muitos que deram as ordens para seus corretores acabam mudando de ideia ao longo do pregão, e muitos que nem deram ordens começam a dar.

— Mas eles escutam lá de baixo?

— Não. Olhe para eles agora — pediu o habitante da Ilha do Leste.

— Eles gritam e fazem sinais — respondeu o professor.

— Foi a forma que eles descobriram para se comunicar à distância — apontou o habitante da Ilha do Leste.

— Mas quem paga o cara das anotações na pedra? — perguntou o professor, querendo entender o sistema como um todo.

— Os corretores contrataram o cara da pedra para as anotações, pois era uma forma de ajudar a todos. Compraram a pedra e contrataram o transporte dela até aqui. Também pagam uma pessoa pra limpar a praça ao final do dia, além de pagarem a taxa pro governo para utilizar o espaço público.

— Nossa, organizado mesmo. Parece uma empresa — constatou o professor.

— Na verdade, é — afirmou o habitante da Ilha do Leste. — No início eles fizeram uma associação para si, e rachavam todas as despesas. Depois, criaram a empresa Praça dos Valores. Assim, além das suas comissões, de corretores, eles também cobram uma pequena taxa para a empresa. A Praça dos Valores passou a ser um negócio à parte.

— Impressionante! — disse o professor. — Agora entendo por que fiquei admirado ao chegar e ver essa pujante economia. Sensacional esse nível de organização dos investimentos a que vocês chegaram.

— Foi acontecendo aos poucos, mas hoje enxergamos o quanto isso é importante para o desenvolvimento da Ilha do Leste. Nossa economia cresce de forma sustentável porque esse mercado de investimentos surgiu e é o único que provê recursos de longo prazo para os nossos empreendedores.

Figura 36

Mercado de capitais

Financiamento de Investimentos com Recursos de Longo Prazo

— Incrível! — interrompeu o agora empolgado professor, demonstrando sua inteligência e sua capacidade de assimilar novos conceitos.

"Você se referiu às ações anteriormente como de prazo eterno, mas, na realidade, são investimentos sem prazo determinado. Não têm prazo, por isso não pressionam o fluxo de caixa das empresas. E isso estimula que novos empreendimentos sejam criados, pois os aspirantes a empreendedores têm acesso a recursos que antes só teriam via empréstimos."

— O que pressiona o caixa, pois os empréstimos têm obrigação de pagamentos periódicos — complementou o habitante da Ilha do Leste.

Agora, o habitante do Estado da Ilha finalmente se manifestou. O professor já estava estranhando seu silêncio devido ao seu perfil ansioso e curioso.

— Professor, prazo indeterminado porque quando eles compram essas participações, que chamam agora de ações, a empresa não tem obrigação de devolver o dinheiro, é isso?

— Exato, meu caro — disse o professor, que emendou: — Você compra a participação e vira sócio da empresa, e como sócio você é dono. Lá na sua empresa do Estado da Ilha, você é o dono. Tem como você pegar o dinheiro que você investiu de volta?

— Só se eu fechar a empresa e vender tudo. E olha que talvez não consiga apurar um bom valor, já que todas as coisas são usadas agora — disse o habitante do Estado da Ilha.

— Sim, pense desta forma: como dono você comprou 100% da participação da sua empresa e o que você espera de volta é o lucro que ela vai gerar, não o dinheiro que você usou para abri-la. Ou seja, não o dinheiro da sua participação na empresa, mas sim os frutos dele — concluiu o professor.

— E logicamente o sócio também, não é, professor? Já que, se ele é sócio, é dono também — perguntou, concluindo, o habitante do Estado da Ilha.

— Exatamente. No investimento em participações de empresas, o investidor espera os lucros do empreendimento. Sabe que podem ser maiores e que também têm riscos maiores. E que também são instáveis, diferentemente dos fluxos de pagamento quando ele empresta o dinheiro para alguém.

— Muito legal, professor! Mas fiquei tão atento ao seu relato todo que às vezes me perdia. O senhor poderia resumir toda a lógica dessa Praça dos Valores? — pediu o habitante do Estado da Ilha.

— Vamos lá. Preste atenção — falou o professor. — O mercado de ações da Ilha do Leste é onde os empreendedores vendem parte da sua empresa. Quem compra se torna dono de uma parte, um sócio. O investidor compra porque enxerga uma oportunidade de retorno maior do que nos empréstimos, mas ele também sabe que tem um risco maior.

Figura 37

> **IPO - Oferta Pública Inicial**
> Inicial Public Offering – Oficial Pública Inicial

"A Ilha do Leste conseguiu tornar isso viável ao organizar o mercado. Isso porque as ações não têm prazo — em algum momento alguns investidores podem querer sair do negócio — e, se não houvesse jeito de sair, muitos nem entrariam. Como o prazo é indeterminado, ou seja, a empresa não vai devolver o dinheiro usado na compra da ação, a maneira de sair é conseguir vender sua ação para outro investidor.

Figura 38

> **Mercado Secundário**
> Negociação de ações entre investidores na Bolsa de Valores

"Eles criaram a Praça dos Valores, onde todos os investidores se encontram por meio de seus corretores, e lá negociam as ações; os que desejam sair vendem e os que desejam entrar compram. Assim, como essa organização deu liquidez para os negócios com ações, esse mercado de investimentos cresceu."

— Liquidez? — interrompeu com cara de desentendido o habitante do Estado da Ilha.

— Vou simplificar — disse o professor. — Liquidez é você só entrar pela porta de entrada se ver a porta de saída, entendeu?

— Agora, sim — disse, rindo, o habitante do Estado da Ilha. — O senhor é bom nessa arte de explicar, professor.

— Liquidez nesse mercado ajuda mais empreendedores a se financiar e a criar seus negócios. Isso é bom para a economia, pois é um mercado de financiamento de longo prazo.

— Nossa, professor! Que sistema desenvolvido tem essa Ilha do Leste, hein?

— Muito — disse o professor. — Mas ainda não te contei o lado ruim.

— Tem lado ruim nisso? — perguntou o habitante do Estado da Ilha.

— Infelizmente, sim — concordou o professor encerrando a conversa daquele almoço. — Nem tudo são flores... Aliás, algumas coisas são flores...

CAPÍTULO 15

COMO AS BOLHAS ESPECULATIVAS SE FORMAM

Neste capítulo vamos entender como a ganância, o despreparo e a presunção costumam levar pessoas a perder muito dinheiro na bolsa de valores. Também aprenderemos o que é uma bolha especulativa.

Após o almoço, no caminho de volta para casa, o professor não esperou pela ansiedade do seu hóspede e continuou detalhando o que aprendera sobre a praça dos valores da Ilha do Leste.

Prosseguiu o professor:

— Após deixarmos a praça dos valores, fazíamos um caminho em direção ao centro da cidade, mas fiquei chocado com a situação dos arredores da praça.

— O que o senhor viu? — interrompeu o habitante do Estado da Ilha.

— Os arredores não se pareciam em nada com a região da praça dos valores no cais do porto. Na realidade, me transmitiu o inverso: muita pobreza e casas abandonadas. Fiquei tão chocado que o habitante da Ilha do Leste se sentiu na obrigação de me dar uma explicação. Ele interrompeu o meu longo silêncio...

— Essa não é a mesma ilha, é o que está passando pela sua cabeça — disse-me ele.

— Sem graça, pois não queria constrangê-lo, somente consegui afirmar com a cabeça. E logo em seguida consegui também fazer a única pergunta possível: o que aconteceu aqui na sua ilha?

— Na realidade, a imagem real é esta: estamos nos recuperando de uma grande crise. O que você viu no cais do porto é o ensaio de uma recuperação da economia, mas a maioria da população aqui da ilha perdeu quase toda a riqueza nessa crise, e permanece em dificuldades.

— Que tipo de crise foi essa que deixou esse rastro de devastação? — perguntei ao habitante da Ilha do Leste.

— Foi o lado ruim de tudo que você viu até agora — disse ele. — O lado bom do mercado financeiro lá no cais do porto é que ele provê a famosa liquidez para todos nós; investidores e empreendedores. Mas essa facilidade de vender papéis foi a causa da grande crise.

— Como assim? — perguntei curioso, pois não conseguia enxergar o que poderia ter causado tamanha crise. — Essas casas abandonadas, ruas destruídas, parece que passou uma grande pedra rolando por aqui...

— Foi uma flor — disse ele.

— Um longo silêncio se fez no momento... que foi interrompido por ele mesmo.

— UMA FLOR — ele repetiu.

— Como assim, uma flor? Que maluquice é essa? — gaguejei para perguntar.

— Vou explicar. É complicado, quase inacreditável... só acredito porque vivenciei isso aqui na ilha. Mas peço que preste atenção, porque a dinâmica dessa crise foi inédita. No entanto, há características dela que me levam a crer que ela poderá se repetir de tempos em tempos.

— Por quê? — interrompi novamente.

— Porque está ligada aos nossos sentimentos de ganância, presunção e pânico. E isso o ser humano sempre terá; creio que não aprenderemos com esse erro. Mas é só uma constatação minha, o futuro pode me provar o contrário — respondeu ele.

— Continue, prometo que não o interromperei mais — afirmei convicto.

— Então ele começou a me explicar:

— Há alguns anos chegou um habitante de ilhas distantes com uma flor muito bonita que despertou o interesse dos mais ricos aqui da ilha. Logo descobrimos que era uma flor muito desejada pelos ricos de outras ilhas também.

"Os empreendedores viram uma oportunidade de produzi-la aqui na Ilha do Leste. Nós somos muito produtivos em plantações, pois nosso sistema de irrigação é inovador.

"Foi quando ele me apontou grandes mastros com pás cruzadas que rodavam o tempo todo, pois notou a curiosidade em meus olhos. E, antes que minha ansiedade me fizesse interrompê-lo novamente, já se antecipou.

"A ideia imediata foi cultivar a flor aqui e vendê-la para todas as outras ilhas. Para nós seria algo muito simples, e a flor nos pareceu um produto fácil de cultivar e de vender. Olhando agora em retrospecto, parece que algo sempre conspira no início para nos atrair a uma armadilha."

— O que foi? — não aguentei e interrompi novamente.

— Uma doença gerou uma mutação na flor que plantamos e ela nasceu com listras nas pétalas. O que poderia ter sido um desastre deixou a flor ainda mais bonita e rara, já que essa espécie se tornou uma exclusividade da ilha.

"O problema é que na época nem fazíamos ideia do que era uma doença. Achamos que era uma mutação na nossa plantação mesmo. A flor ficou tão bonita que virou objeto de cobiça de todos, aqui da ilha e de fora. Todos os ricos queriam essas flores em seus jardins. Virou um objeto de ostentação. O preço das flores não parava de subir, tamanha a demanda por elas; e eram de nossa exclusividade.

"Mas todos outros ativos também subiram. A um preço menor, mas acompanhavam a escalada dos preços. A euforia e a demanda foram tão grandes que as pessoas começaram a vender o bulbo das flores, pois os compradores estavam tão loucos por elas que nem as esperavam florescer; queriam garantir a sua."

— Mas o que o mercado financeiro aqui da ilha tem a ver com isso? Não são apenas flores? — não aguentei e desisti de tentar não o interromper.

— Sim. Apenas flores... Mas, como disse, a euforia foi tão grande que as pessoas passaram a comprar sem a intenção de possuí-la em casa. Compravam apenas porque os preços não paravam de subir. Elas nem sabiam nada sobre flores, nem queriam entender. Queriam apenas comprar para vender um tempo depois por um preço mais alto.

— Espere aí... Então a pessoa comprava algo que ela nem sabia direito o que era? — perguntei.

— Isso mesmo — respondeu ele.

— Nem queria a flor, nem sabia o que era, nem o porquê custou o preço que pagou? — questionei.

— Isso mesmo.

— Apenas por que acreditava que o preço subiria?

— Exato. Loucura, não é? — disse o habitante da Ilha do Leste. — Mas, no calor do momento, a euforia não deixa as pessoas questionarem sua própria ignorância.

— Mas e o mercado financeiro? O que ele tem com isso? — perguntei novamente.

— Os preços não paravam de subir, a demanda não fraquejava, as negociações ficaram tão frenéticas, tão de curto prazo, que as pessoas compravam de manhã para vender à tarde. E as negociações ficaram ainda mais dinâmicas. Como as pessoas não estavam interessadas na flor em si, e sim na facilidade de ganhar dinheiro com esse "negócio", passaram a trocar recibos de bulbo de flor.

"Olha que loucura, já estavam negociando o bulbo antecipadamente, nem queriam ver a flor que floresceria mais tarde. Agora estavam trocando apenas recibos de bulbo. E adivinha onde esses papéis passaram a ser negociados?"

— Na praça dos valores — respondi essa obviedade. — Mas prossiga, por favor.

— Se quem comprava o bulbo nem queria saber da flor, imagina quem compra os recibos de bulbo... Isso não poderia dar certo mesmo. Tudo tem que ter uma lógica por trás, um fundamento. Como não desconfiaram que já não existia uma demanda real por flores? Tal demanda nem poderia existir, tamanha a quantidade que estavam negociando no mercado. Seria preciso cem ilhas para consumir todas as flores que nasceriam dos bulbos que eram os lastros dos recibos.

— E o que aconteceu? — perguntei impacientemente. Essa história só esquentava e me deixava ansioso pelo desfecho.

— Como disse, nem se existissem cem ilhas haveria tanta gente para plantar uma flor em casa. Mas as pessoas só enxergavam que apenas era necessário comprar num dia e vender no outro por um preço maior. A lógica sempre prevalece em algum momento. Para os preços se manterem em alta, é preciso que a demanda esteja sempre subindo. E nada sobe para sempre. E como diz o ditado: se alguma coisa pode dar errado, dará.

"Descobrimos que pessoas vendiam os recibos sem ter os bulbos. Isso era fácil, já que quem comprava não esperava receber um bulbo, queria apenas passar o papel para frente. E, como disse, se alguma coisa pode dar errado, dará...

"Coincidiu que descobrimos também que era apenas algo que mudava a característica da flor. Você lembra da doença? Que nem sabíamos o que era?"

— Sim — relembrei o início da conversa.

— Pois é... A doença não pegou mais nas flores e elas passaram a florescer normalmente, sem a beleza de antes provocada pela doença. Não deu outra. Os preços subiram ao longo de anos, mas desabaram em poucos dias. Agora todos queriam se livrar dos papéis a qualquer custo, e o mais rápido possível. Como constatou um dos nossos habitantes, os bulbos não viraram flores, viraram pó. O estrago na economia foi bem maior que deveria ser.

— Por quê? — indaguei.

— Porque grande parte das pessoas que estavam fazendo esses negócios na praça dos valores não tinha dinheiro. Para participar dessa euforia das flores, elas estavam pegando dinheiro emprestado; e dava certo. Durante esses anos, muitos foram atraídos para a mesma operação.

— Como assim? — perguntei agora sem entender.

O ritmo da história era tão frenético que eu nem conseguia mais raciocinar...

— Como os preços sempre subiam, as pessoas pegavam dinheiro emprestado, compravam os recibos de bulbos e os vendiam tempos depois por um preço bem maior. O suficiente para pagar o empréstimo e ainda ter lucro. Muitas vezes, isso era feito 100% com o dinheiro dos outros...

Figura 39

ALAVANCAGEM FINANCEIRA
É a utilização de capital de terceiros para multiplicar o potencial de lucro

"Com isso, eles não quebraram sozinhos. Quem estava emprestando esse dinheiro também quebrou. Foi uma quebradeira geral. Todos estavam especulando e ninguém sabia o que estava fazendo. Não havia nenhuma ligação com a economia real da ilha. Esse negócio da flor era apenas bulbos inflados — concluiu o relato com o único sorriso naquele dia."

Neste momento, o habitante do Estado da Ilha interrompeu:

— Terminou, professor?

— Fiquei admirado em te ver tão calado hoje — disse o professor.

— Se esse ritmo frenético da história conseguiu deixar uma pessoa inteligente e experiente como o senhor sem raciocínio, eu fiquei foi sem fôlego. Até tentei interrompê-lo, mas não consegui...

E o habitante do Estado da Ilha soltou uma bela gargalhada.

CAPÍTULO 16

COMO FUNCIONA O MERCADO FUTURO

Após o aprendizado com a frenética história daquela bonita flor, o professor do Estado do Norte e o habitante do Estado da Ilha foram descansar. Após o banho, começaram novamente a conversar.

O habitante do Estado da Ilha disse:

— Professor, ainda estou assimilando todo o novo conhecimento que adquiri nesta minha visita que ainda nem acabou. O funcionamento das empresas e dos mercados, que sequer existem na minha ilha, me deixaram impressionado.

— Sim — respondeu o professor. — Tanto o seu quanto o meu intercâmbio com outras ilhas sempre nos traz novos conhecimentos, que com certeza nos ajudam a evoluir. Mas ainda tenho muito a lhe contar.

— O quê? — interrompeu o hóspede do professor com a sua costumeira ansiedade.

— Mercados, meu caro. Mercados.

— Que mercados, professor? — o agora impaciente interlocutor interrompeu mais uma vez o professor.

— Você se lembra do mercado de ações que lhe contei? Aquele que negocia as participações das empresas lá na praça dos valores? — perguntou o professor.

— Sim, sim, o que permite as empresas levantarem os recursos necessários para os seus projetos futuros.

— Futuuuros... — resmungou alto o professor, aquela palavra que escapou após uma longa puxada de ar aos pulmões.

— Falei algo errado, professor? Não são os projetos futuros das empresas que fazem elas precisarem de mais dinheiro para financiá-los? — disse o habitante do Estado da Ilha com os olhos esbugalhados.

— Não, não, meu caro... É que o que vou lhe contar é sobre o futuro.

— Não me diga que o senhor também é vidente? — disse num misto de surpresa e ironia o hóspede do professor.

— Eu não, mas muita gente nos mercados acredita ter esse poder — respondeu o anfitrião do habitante do Estado da Ilha.

— Conte logo, professor. O senhor está muito enigmático — disse o habitante.

— Não estou, não. É você que não me deixa falar — disse o professor rindo.

Diante do silêncio do habitante do Estado da Ilha — mudo pelo puxão de orelha —, o professor iniciou o seu relato:

— Como lhe contei sobre o mercado de ações, aqueles eram tempos de volumes altos de negócios na praça dos valores, tão altos que a empresa — Praça dos Valores — viu uma oportunidade de centralizar a maior parte das negociações da Ilha do Leste. Tudo começou com uma ideia simples, mas que no mercado pode parecer sofisticada. O mercado futuro.

— Mercado futuro? — o habitante do Estado da Ilha não aguentou muito tempo calado. — Então era disso que o senhor estava falando quando suspirou há pouco?

— Sim — concordou sorrindo o professor.

— Futuro? Agora sim minha cabeça vai entrar em parafuso — constatou o habitante do Estado da Ilha.

— Calma, vou explicar e você vai ver que a ideia é simples — tranquilizou-o o professor. — Tudo surgiu quando no passado faltaram peixes no mercado. Houve uma grande tempestade que destruiu uma boa parte dos barcos de pesca, não só da Ilha do Leste como também de várias ilhas próximas, e até distantes. Se você lembrar sobre o que ensinei em relação a ganhos de produtividade, já deve saber que poucos barcos pescavam quase todo peixe que era consumido pelo mercado.

Desta vez, o habitante do Estado da Ilha apenas consentiu com a cabeça, mostrando claramente a sua característica de ficar em silêncio quando previa um importante aprendizado.

O professor então prosseguiu:

— O dono da mercearia comprava os peixes e os processava para mantê-los conservados e assim poder estocar e vender conforme a demanda. Eram conservados após passarem por muito sal. Acontece que por causa dessa tempestade o dono da mercearia teve um grande prejuízo.

— Como assim? O prejuízo não foi dos barcos de pesca? Não foram eles que perderam barcos, pescaram menos... Não entendi. — O hóspede do professor não podia deixar de interrompê-lo ao surgir uma grande dúvida.

— Tiveram também, mas, como a demanda por peixe não diminuiu nas mesmas proporções, eles aumentaram os preços. Assim, equilibraram a oferta e a demanda. E com isso minimizaram os prejuízos. Mas o dono da mercearia acabou absorvendo grande parte desse prejuízo, pois tinha compromissos com seus peixes processados que estavam no estoque. Dessa maneira, pagou mais caro para as empresas de pesca para repor o seu estoque, enquanto grande parte dele foi vendido pelos preços vigentes antes da tempestade. Foi aí que surgiu uma ideia simples. Para o dono da mercearia era ruim que o preço do peixe subisse, e para a empresa de pesca era ruim que o preço caísse.

— Espera aí, não entendi nada — interrompeu o habitante do Estado da Ilha. — Como assim, por que é ruim para um ou para outro?

— Ora — prosseguiu o professor —, a empresa de pesca tem seus custos para pescar os peixes. Quando seu preço de venda é formado, esses custos foram considerados para saber a que preço ela venderá com lucro. Entendeu?

— Sim, mas e a mercearia? — indagou o habitante do Estado da Ilha.

— A mesma coisa com a mercearia. Para vender o peixe processado, ela também tem seus custos; o maior deles é a própria matéria-prima, o peixe. Assim, o preço de venda também será com lucro se esses custos não aumentarem demais. Entendeu agora? Se o preço cai, o pescador perde; se o preço sobe, a mercearia perde.

— Agora entendi — concordou o habitante do Estado da Ilha. — E que ideia simples foi essa que protegeu os dois lados?

— Imagine que o preço do peixe em tempos normais seja de dez moedas o quilo. A esse preço os dois terão lucro, certo? Se cair para sete, por exemplo, o pescador terá prejuízo, mas a mercearia terá um lucro maior ainda. Agora, se subir para treze moedas, é a mercearia que terá prejuízo, enquanto o pescador terá um lucro maior. Qual é o medo dos dois? Pescador e mercearia?

— Ter prejuízo — respondeu o habitante do Estado da Ilha.

— Exato. Então como o que eles querem é se proteger do prejuízo, basta eles acordarem que no futuro irão realizar o negócio por dez moedas, independentemente do preço que o peixe estiver custando no mercado. Assim, assinam o compromisso e ficam protegidos.

— Nossa, simples mesmo! E por que o senhor disse que parece complexo? — perguntou o habitante do Estado da Ilha.

— Porque isso é entre os interessados diretos: mercearia e pescador. Como isso ficou lógico após o primeiro contrato, todos queriam fazer a mesma coisa, mas era difícil fazer com que os mesmos interesses coincidissem. Por exemplo, o interesse de um era se proteger em apenas cinquenta quilos de peixes, enquanto para outro era interessante com cem quilos. Assim, cada um precisava sair perguntando se alguém queria fazer o contrato com a quantidade que coincidisse com a sua. A grande sacada da Praça dos Valores foi padronizar esse negócio para negociação.

— Agora vou prestar mais atenção, professor, pois aí sim acho que vai ser complexo — disse o habitante do Estado da Ilha. — Como foi isso?

O professor prosseguiu:

— A Praça dos Valores criou um contrato futuro padronizado de cinquenta quilos de peixe. Assim, o que precisava se proteger em cinquenta comprava um contrato, o que queria se proteger em cem comprava dois contratos, e assim por diante. Lógico que alguns precisavam vender no futuro (como os pescadores) e outros comprar no futuro (como as mercearias). Dessa forma, os negócios eram feitos na Praça dos Valores. Obviamente, esse mercado ficou conhecido como mercado futuro.

— Muito legal, professor. Fiquei imaginando aqui o pessoal entregando os peixes lá na praça dos valores — constatou rindo o habitante do Estado da Ilha.

— Não, não — disse o professor. — Não era preciso. A liquidação do contrato não precisava ser física, com o pessoal entregando os peixes e recebendo as moedas. A liquidação podia ser apenas financeira.

— Agora sim ficou complexo — disse com cara de desanimado o habitante do Estado da Ilha. — Como a liquidação poderia ser apenas financeira?

— Ora. Preste bem atenção na minha explicação que você entenderá — disse o professor. — Utilizarei o mesmo exemplo inicial. Imagine que o preço à vista — vamos chamar assim para diferenciar do preço futuro, e até porque é o preço no momento do negócio mesmo — seja de nove moedas. Mas para ambos os lados o preço de dez moedas garante o lucro planejado.

"O pescador vai lá na Praça dos Valores e vende um contrato futuro de peixe ao preço de dez moedas o quilo, sua contraparte é o dono da mercearia que compra um contrato futuro de peixe por dez moedas o quilo. Imagine que, no dia do vencimento desse contrato, o preço à vista seja de treze moedas. Seria natural que os dois se encontrassem lá na praça, e um entregasse o peixe e o outro as dez moedas acordadas no contrato, certo?"

— Sim — respondeu o habitante do Estado da Ilha.

— Mas isso não é preciso — disse o professor. — Para liquidar o contrato, basta apenas que cada um faça a operação inversa; o que lá na Praça dos Valores eles chamam de zerar a posição.

"Assim, o pescador que estava vendido em um contrato futuro de peixe, vai lá na praça e compra o contrato. Como ele vendeu a dez e comprou a treze — que é agora o preço atual — ele teve um prejuízo de três moedas na Praça dos Valores."

— Não estou entendendo nada — disse o habitante do Estado da Ilha.

— Preste atenção. Imagine dois mundos separados: o mundo financeiro da Praça dos Valores, e o mundo real do dia a dia da ilha. Ele teve um prejuízo de três moedas na Praça dos Valores. Mas no mundo real ele vendeu o seu peixe por treze moedas, entendeu? Assim, treze do mundo real, menos três do mundo financeiro, é igual a dez. Dessa forma, ele não precisa levar o peixe lá na Praça dos Valores. Isso é uma liquidação apenas financeira, sem precisar da liquidação física.

— E o dono da mercearia? — perguntou ainda confuso o habitante do Estado da Ilha.

— A mesma coisa — disse o professor. — Como ele estava comprado em um contrato futuro de peixe, para zerar a sua posição na Praça dos Valores, ele precisa vender. Comprou a dez moedas e vendeu a treze. Portanto, teve um lucro de três moedas.

— Então ele teve lucro? — interrompeu novamente o habitante do Estado da Ilha.

— Calma, você está muito ansioso — disse o professor. — Se esqueceu do mundo real? Ele ganhou três moedas na Praça dos Valores, mas no mundo real ele comprou o peixe a treze moedas; treze menos três é igual a dez. O objetivo de ambos foi atingido. Ao se protegerem no mercado futuro, os dois tiveram o resultado final de dez moedas por quilo de peixe.

— Caracas, professor! Genial! Muito legal, mesmo! Explica de novo? — pediu o habitante do Estado da Ilha, que logo emendou ao ver a expressão de descrença do professor:

— Estou brincando, vamos jantar! — disse ele rindo da cara do professor.

— Ufa... — suspirou aliviado o professor, que tinha preparado o quê para o jantar? Peixe!

CAPÍTULO 17
■ ■ ■ ■ ■
COMO FUNCIONA O MERCADO DE DERIVATIVOS

Na manhã do dia seguinte, o professor e o seu hóspede já caminhavam pela ilha e conversavam sobre o aprendizado do dia anterior acerca do mercado futuro.

Tudo era fascinante para o habitante do Estado da Ilha. Se entender sobre o mercado de ações já era uma novidade, entender agora sobre algo que parecia ser abstrato — o mercado futuro — era, além de uma novidade, uma coisa mais atraente ainda.

Ele repassava os pontos do dia anterior com o professor que, diante de tal interesse, perguntou ao habitante do Estado da Ilha:

— Imagino que você esteja repassando e anotando tudo sobre os mercados futuros porque tem interesse em implementar isso lá na sua ilha, correto?

— Sim — respondeu o seu hóspede.

— Então termine de anotar tudo, e aproveite para absorver um novo aprendizado — disse o professor.

Aquela costumeira ansiedade do habitante do Estado da Ilha não ficaria ausente naquele momento, e assim ele perguntou:

— Não vai me dizer que existe algo além dos mercados futuros?

— Existe. O mercado de derivativos — respondeu o professor.

— Deriva... o quê? — perguntou seu hóspede de uma maneira um tanto atrapalhada. Até porque era uma palavra completamente desconhecida, nem fazia parte do vocabulário do Estado da Ilha.

— Derivativos — repetiu o professor. — Você se lembra das participações de empresas negociadas na praça dos valores? Que, para facilitar, abreviamos apenas como ações?

— Sim, o mercado de ações — confirmou o habitante do Estado da Ilha.

— Pois é. A ação é um ativo. Um derivativo, como o próprio nome diz, é um contrato que deriva deste ativo, a ação.

Neste momento o habitante ficou mudo, novamente sem ar e com aquela cara de desentendido. Ele falou:

— Entendi o que a palavra quer dizer, professor. Uma coisa que deriva de um ativo é um derivativo, mas entendi só até aí. O que esse contrato significa e por que existe eu não consigo nem imaginar.

— Calma — disse o professor.

Com um semblante professoral, ele tranquilizou o seu hóspede:

— Vou explicar como isso surgiu. Você se lembra das negociações com as ações da Companhia das Ilhas lá na praça dos valores? — perguntou.

— Sim — respondeu o habitante do Estado da Ilha.

— Pois é. Naquela época muitos investidores participavam desse mercado de ações, mas muitos ainda temiam o risco do investimento nas ações da empresa. Esses investidores consideravam o retorno que teriam muito incerto, se é que teriam algum. Foi quando um deles teve uma ideia.

— Qual? — o habitante do Estado da Ilha não podia deixar de fazer essa pergunta óbvia.

— Esse investidor — prosseguiu o professor — não queria correr o risco de investir na ação da Companhia das Ilhas, que custava cem moedas, mas também não queria deixar passar a oportunidade caso a ação da empresa se valorizasse.

— Aí é difícil né, professor? Ou quer ou não quer. Se quer, tem que correr o risco; se não quer, esquece e não se lamenta depois — interrompeu novamente o habitante do Estado da Ilha.

— Essa é a lógica — disse o professor. — Mas esse investidor encontrou uma forma de minimizar o risco que ele enxergava naquele momento com uma solução intermediária, que na verdade lhe foi proposta pelo vendedor.

Nem preciso dizer que o habitante do Estado da Ilha interrompeu novamente:

— Qual solução? — perguntou ele.

— Ele ficou andando na praça dos valores por um tempo, até que abordou um dos investidores que participava das negociações e conversou com ele:

— Fulano — disse ele. — Vi que você está vendendo sua ação por 100 moedas. Eu até compraria porque acredito que ela valerá 120 moedas daqui a um mês, mas não quero apostar 100 moedas nisso. Acho muito arriscado.

O vendedor da ação falou a mesma coisa que você me disse há pouco:

— Ou quer ou não quer — e virou as costas.

— Mal-educado assim? — perguntou o habitante do Estado da Ilha.

— Sim — concordou rindo o professor.

Mas, alguns minutos depois, o vendedor, após fazer uma pequena reflexão, procurou o pretenso investidor:

— Você disse que acredita que a ação estará custando 120 moedas daqui a um mês, mas não quer comprá-la hoje por 100 moedas, porque mesmo acreditando nisso você acha muito arriscado apostar 100 moedas na sua crença, certo?

— Sim — respondeu o pretenso investidor.

— Está bem. Vou quebrar o seu galho para você não sair daqui frustrado. Em vez de comprar hoje por 100 moedas, você aposta apenas uma moeda e eu te dou o direito de comprar minha ação por 110 moedas daqui a um mês.

— E o que eu ganho com isso? — perguntou.

— Ora, já que você acredita que a ação valerá 120 moedas daqui a um mês, se ela valer mesmo, você terá o direito de comprar por 110 moedas algo que vale 120.

— Sim. Entendi como ganharei, mas o que você ganha vendendo para mim por 110 algo que vale 120?

— Porque hoje eu te venderia por 100 moedas, então é a mesma coisa que eu investir 100 hoje para vender por 110 daqui a um mês. Além de te cobrar uma moeda por esse direito. Logo é como se eu investisse 99 moedas hoje, para receber 110 daqui um mês. Um retorno de mais de 11%. E você terá um retorno de 900%, já que investiu uma moeda e terá lucrado 10, pois poderá comprar minha ação por 110 moedas e vendê-la em seguida por 120.

— Legal — disse o pretenso investidor. — Se der tudo errado eu perco apenas uma moeda. Mas, se o meu palpite estiver certo, ganho 900%.

— Exato — afirmou o vendedor.

— E você ganhará uma moeda se o preço não passar de 110 moedas. E, se chegar a 120 moedas, o que eu acredito que vá acontecer, você ganhará mais de 11% — concluiu o investidor.

— E o negócio foi feito? — interrompeu o habitante do Estado da Ilha.

— Sim. O vendedor pegou uma moeda do pretenso investidor e assinou um contrato se comprometendo a vender a ação por 110 moedas em um mês, no vencimento do contrato — respondeu o professor.

Então prosseguiu:

— Esse contrato depois passou a ser negociado por todo o mercado na praça dos valores, e ficou conhecido como contrato de opção.

— Por que contrato de opção? — perguntou o habitante do Estado da Ilha.

— Porque ele dava a opção de comprar a ação. Lá na praça dos valores, eles o negociam como opção de compra. Com o tempo, formavam-se rodas de negociação apenas dessas opções de compra de ações, e assim esse mercado ficou conhecido como mercado de derivativos, porque a opção deriva da ação. Como esse mercado se popularizou lá na Ilha do Leste, cada vez aparecia mais gente para participar dele; tanta gente que o próprio contrato de opção passou a ser negociado, ou seja, você comprava a opção e tinha a oportunidade de vendê-la a qualquer momento antes do vencimento.

— Como assim? — perguntou o habitante do Estado da Ilha.

— No exemplo você comprou a opção por uma moeda, certo? — perguntou o professor. — Então, até chegar o vencimento, esse preço da opção oscila conforme oscila o preço da ação. Se a ação subir, esse preço da opção de uma moeda também sobe; se cair, a mesma coisa.

— Continuo sem entender, professor — disse o habitante do Estado da Ilha com sua confusão estampada no rosto.

— Eu não disse que muita gente começou a participar desse mercado de derivativos? Pois é. Imagine que no dia seguinte ao que você tenha comprado, lá na praça aparece mais gente também querendo comprar essa mesma opção, mas nenhum possuidor de ação decidiu fazer a mesma coisa que o outro fez com você. Assim, não há novas opções sendo lançadas, mas tem a sua, e a de outros também. Olha aí, um mercado com interessados! Você pode vender a sua por mais de uma moeda e realizar um lucro a qualquer momento. Lógico que se a ação subiu, porque aí a opção subirá também. Entendeu?

— Acompanhando a história que o senhor acabou de contar, eu entendi. Mas, se o senhor me pedir para explicar, eu não seria capaz — respondeu o habitante do Estado da Ilha. — O senhor poderia recapitular agora sem a história, para eu consolidar meu entendimento?

— Claro. Vamos lá.

O professor iniciou a explicação novamente, agora de maneira mais objetiva:

— Primeiro vamos entender a lógica do comprador, que neste exemplo é você. Você acredita que uma ação vai subir de preço, mas não quer apostar todo o valor do preço da ação nisso. E também não quer ficar de fora, caso a ação realmente suba de preço. Daí você descobre que existe um negócio chamado opção de compra, que te dá o direito de comprar a ação no futuro a um determinado preço. E esse direito custa uma pequena fração do preço da ação. Para você entender melhor, darei nomes e utilizarei os mesmos valores da história anterior:

- ▶ O preço da ação hoje se chama preço à vista.
- ▶ O direito de comprar a ação no futuro se chama opção de compra.
- ▶ O preço a que você terá direito de comprar a ação se chama preço de exercício.
- ▶ E o preço desse direito se chama prêmio da opção.

"Confuso? Vamos usar os valores:

- ▶ O preço à vista é 100 moedas.
- ▶ O preço de exercício é 110 moedas.
- ▶ E o prêmio da opção é 1 moeda.

"Então se você acredita que a ação subirá, mas não quer colocar 100 moedas nessa crença, você compra uma opção de compra por 1 moeda. Essa opção te dá o direito de comprar a ação daqui a um mês por 110 moedas, que é o preço de exercício. Está acompanhando? — o professor fez questão de manter o habitante do Estado da Ilha atento. — Você pagou 1 moeda para ter o direito de comprar a ação por 110 moedas. Lógico que você só utilizará esse direito se a ação estiver valendo mais de 110 moedas no dia do vencimento dessa opção. Caso contrário, você não utiliza esse direito e perde apenas 1 moeda."

— É tipo uma aposta, né professor? — perguntou o habitante do Estado da Ilha.

— Para o comprador, sim. Mas lembre-se de que você não necessariamente precisa perder 1 moeda. Você pode vender essa opção no mercado a qualquer momento. Imagine que a ação não caminhou na direção que você imaginava, assim a opção caiu para, por exemplo, 1/2 moeda. Você pode vendê-la e minimizar seu prejuízo em 1/2 moeda. Mas não é uma aposta para o vendedor.

"Vamos entender a lógica do vendedor agora. Ele comprou a ação por 100 moedas e vendeu para você por 1 moeda a opção de compra com preço de exercício de 110 moedas. Logo, ele gastou 99 moedas — 100 que ele pagou menos 1 que ele recebeu. Mas, se a ação passar das 110 moedas, ele terá a obrigação de vender para você por 110. Aqui há uma diferença: o vendedor da opção tem uma obrigação, e o comprador tem um direito. Sob o ponto de vista do vendedor, só há duas hipóteses: na primeira delas, se a ação passar das 110 moedas, ele será obrigado a vendê-la por 110. Nesse caso, ele terá investido 99 moedas e recebido 110, um retorno de mais de 11%. Na outra hipótese, a ação não passou das 110 moedas, logo você não vai querer comprar por 110 algo que está valendo menos do que isso. Assim, ele ficará com 1 moeda que te cobrou ao vender a opção. Imagine que a ação permaneceu em 100 moedas; como ele recebeu 1 moeda é a mesma coisa que uma rentabilidade de 1% sobre o investimento."

Por fim o professor ainda lembrou:

— Ah, essas contas eu fiz como exemplo e não considerei os custos e as taxas da Praça dos Valores e do governo da ilha, ok?

— Agora ficou mais claro, professor — disse o habitante do Estado da Ilha. — Esse mercado de derivativos parece oferecer muitas possibilidades.

— Sim — concordou o professor. — Mas, se utilizado de forma estruturada, como no exemplo do vendedor. Muita gente o utiliza sem saber realmente como funciona, e aí são apenas apostas. E, em se tratando de apostas, você depende mais da sorte que dos fundamentos. Entendeu?

— Sim — respondeu satisfeito o habitante do Estado da Ilha.

— Então vamos para a próxima opção, almoçar naquele lugar ali, porque estou morrendo de fome — finalizou o professor.

CAPÍTULO 18

FUNDOS DE INVESTIMENTOS

O restante do dia anterior — após o almoço — foi ocupado apenas com conversas amenas e curiosidades. Afinal de contas, aprender em sequência sobre mercado futuro e mercado de derivativos foi um exercício de muito esforço intelectual.

Mas já era um novo dia e, com a mente descansada, o habitante do Estado da Ilha não tardou a começar suas perguntas a fim de aumentar seu aprendizado.

Logo no café da manhã, após dar bom-dia ao seu anfitrião, ele já fez a primeira delas:

— Professor, nessa sua estadia na Ilha do Leste, e após o contato com um mercado tão desenvolvido, como o senhor tem cuidado dos seus investimentos? Durante todos esses dias juntos notei que o senhor em nenhum momento dedicou tempo para eles.

— Eu não cuido deles — respondeu o professor.

— Como assim? — indagou espantado o habitante do Estado da Ilha. O senhor não aproveita todo seu conhecimento para cuidar dos seus investimentos?

— Eu logicamente acompanho — disse o professor —, mas quem toma as decisões e faz a gestão é outra pessoa.

— Sua esposa? — perguntou o habitante do Estado da Ilha.

E já emendou:

— Ou outro parente? Porque, para cuidar do seu dinheiro, deve ser alguém de extrema confiança.

— Não — respondeu o professor. — Nem da Ilha do Norte ele é, e para falar a verdade eu o vi só uma vez na vida.

— Espera aí! — interrompeu o hóspede do professor sem muita paciência. — Como o senhor deixou suas economias com uma pessoa que mal conhece? E, como assim, nem da Ilha do Norte ele é?

— Calma, vou explicar para você — o professor tratou logo de tranquilizar seu hóspede. — É um profissional, e ele não cuida só das minhas economias, cuida das de muitas pessoas.

— Se ele não é daqui da Ilha do Norte, de onde ele é? — o habitante do Estado da Ilha iniciou seu costumeiro interrogatório em busca de respostas.

— É lá da Ilha do Leste. É um profissional antigo e experiente que atua na praça dos valores. Ele criou um negócio muito interessante para investidores que, como eu, não têm muito tempo para analisar e acompanhar o mercado.

— Mais uma inovação lá da Ilha do Leste, né professor? — indagou o hóspede agora um pouco mais tranquilo. — Prometo que vou me controlar se o senhor me contar direito essa história.

— Vamos lá. Vou começar do começo — disse rindo o anfitrião do habitante do Estado da Ilha. — Com a popularização da praça dos valores, cada vez mais pessoas passavam por lá atrás de novas opções de investimentos. Como a vontade era grande e o conhecimento era escasso, era natural que procurassem pelos mais antigos e experientes para pedir conselhos.

— É verdade — interrompeu o habitante do Estado da Ilha —. Eu procuraria pelo senhor.

— E os habitantes da Ilha do Leste procuravam por esse profissional que citei há pouco — disse o professor. — Ele conhecia bem as ações da maioria das empresas que eram negociadas na praça dos valores, além dos outros investimentos em empréstimos que também eram negociados nas redondezas. Com o tempo, ele foi ficando cada vez mais reconhecido por suas habilidades nos investimentos. E querido por todos, pelos conselhos e pelas dicas que dava sempre com muita empatia. Ele havia conquistado tanta admiração que as pessoas passaram a assediá-lo para que cuidasse das suas economias. A confiança era tanta que os investidores nem queriam mais ir à praça dos valores. Queriam apenas entregar suas economias ao profissional da praça e receber informações periódicas de como iam os investimentos.

— E daí ele aceitou ajudar essas pessoas professor? — interrompeu com sua ansiedade de sempre o habitante do Estado da Ilha.

Ele simplesmente não conseguia se conter e apenas escutar. Mesmo assim, o professor continuou:

— Ele queria muito ajudar, mas teve medo de assumir tamanha responsabilidade ao pegar as economias dos habitantes da Ilha do Leste. Passou dias pensando naquela hipótese, e usou toda sua inteligência buscando uma solução profissional.

— E encontrou? Desculpe! Não vou mais interromper — perguntou e se calou o habitante do Estado da Ilha.

— Sim. Ele marcou uma reunião com todos os interessados para apresentar sua solução. Quando todos estavam presentes, ele iniciou a explicação de como poderia ajudar, formalizando sua ajuda e se cercando de todos os cuidados para dar transparência e segurança a todos. Antes mesmo de começar sua explanação, um dos interessados o interrompeu:

— Não precisa de nada disso, confiamos em você — disse ele.
— Nesse momento, ele foi seguido por muitos e o burburinho interrompeu a tranquilidade da reunião. Então, o profissional pediu silêncio e ponderou:

— Passei dias pensando em como ajudá-los. E o que vou propor e explicar é para a segurança de todos, inclusive a minha. Tudo o que é informal um dia gera confusão, justamente por não ter regras, transparência e responsabilidade.

O silêncio que se fez após essa fala, e os entreolhares dos presentes, deixou claro que todos haviam levado um puxão de orelha. O que na realidade só fez aumentar a admiração de todos pelo profissional. Então, ele continuou:

— Vou criar um regulamento para gerenciar nossa relação. Eu farei a gestão dos investimentos de vocês nesse modelo.

O silêncio até aquele momento foi interrompido pelo burburinho de confirmação.

— E, para ficar bem transparente, serão necessárias outras partes nessa relação.

— Como assim? — interrompeu um dos presentes.

— Eu farei apenas a gestão, essa é a minha habilidade — disse o profissional. — Preciso de outras partes para dar transparência e segurança a todos.

Neste momento, várias vozes foram ouvidas com a mesma pergunta.

— E que outras partes são essas?

— Não quero a responsabilidade de ficar com o patrimônio de vocês — disse o profissional. — Farei apenas a gestão. Então, como a Praça dos Valores já é a empresa que guarda as ações e os contratos de empréstimos de todos, conversei com eles e vamos fazer um contrato para que eles façam a custódia do patrimônio de todos vocês.

— Bem pensado — disse um deles. — Mas essa é só uma parte, e as outras?

— Conversei também com o Banco da Ilha do Leste. Eles administrarão tudo, o gerenciamento de toda burocracia.

— Espera aí — um outro presente na reunião o interrompeu. — Nós confiamos em você, mas quem vai conferir o trabalho do Banco e da Praça dos Valores?

— Pensei nisso também — disse o profissional. — Vamos escolher alguém isento para fazer isso. Que não tenha nenhuma relação com o Banco, com a Praça dos Valores, comigo ou com vocês. Assim, teremos a segurança de que não haverá um conflito de interesses na conferência dos negócios.

— O negócio está ficando complicado demais — interrompeu outro dos presentes na reunião. — Até me perdi. Por favor, faça um resumo do que falamos até aqui.

— Tudo bem — disse o profissional. — Vamos lá. Todos vocês se reunirão nesse objetivo de investimento coletivo. Será como um condomínio, ou melhor, vamos já definir que será um condomínio de investidores. Para isso, criaremos um fundo comum, um fundo formado pelas economias de todos vocês. Pronto, já achei o nome: um Fundo de Investimentos.

— Boa! — gritou um senhor que estava lá no fundo da reunião.

Todos olharam para ele, que sem graça emendou:

— Desculpe, pode continuar — pediu ao profissional.

O profissional então prosseguiu:

— Esse fundo de investimentos terá vários participantes, cada um com uma obrigação definida. O Banco da Ilha administrará o Fundo, um serviço de administração mesmo: assim como vocês administram seus negócios, o Banco vai administrar nosso Fundo de Investimentos. Para dar mais segurança, contrataremos a Praça dos Valores para fazer a custódia de tudo que comprarmos para o Fundo. Eu serei o responsável pelas escolhas dos investimentos; do que comprar para o Fundo. Ou seja, serei apenas o Gestor. E, para conferir tudo que fizermos, contrataremos uma conferência externa e isenta: uma auditoria.

— Perfeito, mas quem pagará tanta gente? — interrompeu o senhor lá do fundão, agora mais participativo.

— O Fundo de Investimentos — afirmou o profissional. — Ele é uma empresa com patrimônio, administração e gestão própria. E, como qualquer empresa, tem que ter lucro. Não é isso que vocês esperam?

— Sim — afirmaram em uníssono todos os presentes.

O profissional então prosseguiu:

— Vocês pagarão uma pequena taxa sobre o patrimônio do Fundo, para pagar todos esses participantes que nos prestam serviços, inclusive eu.

— Logicamente, o rendimento do Fundo de Investimentos tem que ser maior que essa taxa, se não teremos prejuízo, certo? — indagou um dos presentes.

— Sorte que escolhemos você como Gestor. Se fosse qualquer outro, não sei se compensaria pagar essa taxa — disse outro rindo.

O profissional respondeu:

— É, vocês pagarão a taxa para manter toda essa estrutura. Tem que valer a pena.

Um clima de informalidade se instalou e todos comentavam a nova forma de investir criada por eles. Foi quando uma voz surgiu do meio da aglomeração:

— Só não entendi uma coisa — falou um baixinho até então imperceptível no meio de todos.

— O quê? — perguntou o profissional.

— Números e números — resmungou o baixinho. — Pois, veja bem. Todos nós começamos juntos, logo esse fundo é nosso e dividiremos os benefícios em partes iguais. Até aí tudo bem. E se alguém quiser entrar depois? Ou entrar agora, mas não com valores iguais?

— É mesmo! — quase todos repetiram.

— Sim. Você tem razão — disse o profissional para o baixinho. — Essa é uma parte que estava me esquecendo de explicar. Vamos lá, prestem atenção que o baixinho está certo. Esta talvez seja a parte mais importante que vocês precisam entender. Somos quantos aqui? — perguntou o profissional enquanto olhava para todos e contava.

"Coincidentemente, cem pessoas — afirmou ele. — Melhor ainda, fica mais fácil para explicar. Digamos que cada um de vocês invista cem moedas. Cem vezes cem é igual 10 mil. Dez mil moedas é o patrimônio do fundo. Vamos dividir isso em 10 mil quotas. Assim, cada quota valerá uma moeda, e cada um de vocês terá cem cotas do fundo.

Figura 40

"Imaginem que eu, como gestor, comprei as 10 mil moedas em ações da empresa A. É apenas um exemplo certo? — o profissional fez questão de salientar que apenas para melhor entendimento. — Eu não faria isso, comprar tudo em ações de apenas uma empresa.

"Agora imaginem que ninguém mais entrou no fundo, e no dia seguinte as ações se valorizaram 10%. Para quanto foi o patrimônio do fundo?"

— Dez por cento de 10 mil são 1 mil — respondeu um dos presentes.

— Logo, o patrimônio do fundo foi para 11 mil moedas — continuou o profissional. — Como não entrou ninguém, continuamos com 10 mil quotas. E agora dividindo o patrimônio do fundo de 11 mil moedas nas mesmas 10 mil quotas, cada quota foi para 1,1 moeda. Como vocês têm 100 quotas, o patrimônio de vocês será agora de 110 moedas.

Figura 41

10% valorização das ações
Patrimônio atualizado = 11.000 moedas
Patrimônio 11.000 / 10.000 cotas
Valor da cota = 1,1 moeda

— Mole — disse o baixinho. — Agora eu quero ver o exemplo de quando entrar um investidor depois.

— É mole — disse rindo o profissional. — Digamos que, no dia seguinte em que o patrimônio do Fundo é de 11 mil moedas e a quota é de 1,1 moeda, um novo investidor decida entrar no nosso fundo. Mas ele não quer investir muito, então ele decide comprar apenas 10 quotas, e assim faz um aporte de 11 moedas. Para quanto foi o patrimônio do Fundo? — perguntou.

— 11.011 moedas — respondeu o baixinho.

— E quantas quotas o fundo tem agora? — emendou o profissional.

— 10.010 quotas — respondeu novamente o baixinho.

— Ao se dividir o novo patrimônio de 11.011 moedas pelas 10.010 quotas, qual será o valor da quota?

— 1,1 moeda — confirmou o baixinho.

Figura 42

— Entenderam? — perguntou o novo gestor do primeiro Fundo de Investimentos da Ilha do Leste. A matemática é simples. O difícil é dar o retorno que vocês esperam — concluiu rindo o profissional na assembleia dos investidores do novo Fundo.

— Nossa, professor! O senhor contou tão bem essa história que nem vou pedir para repeti-la — disse o habitante do Estado da Ilha.

CAPÍTULO 19
■ ■ ■ ■ ■
TÍTULOS DA DÍVIDA PÚBLICA

O assunto da manhã havia sido muito produtivo para o habitante do Estado da Ilha, que tinha algumas perguntas para fazer ao professor. Mas durante todo almoço ele nem tocou no assunto, os dois conversaram apenas amenidades enquanto faziam a refeição.

Após a refeição, os dois caminhavam pela Ilha do Norte e o habitante do Estado da Ilha então aproveitou para tirar as dúvidas da conversa anterior:

— Professor — perguntou ele. — Esse profissional que faz a gestão do Fundo de Investimento era conhecido na praça dos valores, por esse motivo ele era especialista em ações. Esse Fundo de Investimentos investe só em ações?

— Esse sim — respondeu o professor. — Mas, mesmo nesse, o profissional investe uma parte naqueles contratos de empréstimo que eu te falei dias atrás.

— Mas os contratos de empréstimos têm riscos maiores, certo professor? — interrompeu o habitante do Estado da Ilha.

— Não. Têm risco menor — afirmou o professor.

Neste momento, o habitante do Estado da Ilha fez aquela já conhecida expressão de cachorro que caiu da mudança — cara de perdido. Afinal, pelo jeito ele tinha entendido errado sobre os contratos de empréstimos.

— Mas, professor, como assim risco menor? Não estou entendendo nada — disse ele. — E se quem tomou dinheiro emprestado não pagar?

— É natural ter essa dúvida — tranquilizou o professor. — A crença popular nos leva a essa conclusão. Mas você vai entender, vamos sentar ali que eu explicarei.

Então ele apontou para um banco próximo ao bosque pelo qual passavam.

Já sentados, o professor iniciou:

— Apesar da possibilidade de o empréstimo não ser pago, ele tem um contrato que garante a regularidade no pagamento das parcelas combinadas. Um fluxo de caixa, como eles convencionaram chamar lá na Ilha do Leste.

— Faz sentido — afirmou o habitante do Estado da Ilha. — Fluxo de caixa, então, são os pagamentos das parcelas do empréstimo.

— Sim — prosseguiu o professor. — Quem compra esses contratos de empréstimos tem a garantia de pagamento da dívida. Aliás, lá na Ilha do Leste eles chamam esses contratos de empréstimos de títulos de dívida.

— Faz sentido também — interrompeu novamente o habitante do Estado da Ilha. — Quem tomou o dinheiro emprestado contraiu uma dívida, então esse contrato de empréstimo é para ele um título de dívida.

— Você já está se acostumando com a lógica do mercado — disse satisfeito o professor.

E continuou com a explicação:

— Esses títulos de dívida têm um fluxo de caixa estável, ou seja, os valores dos pagamentos são conhecidos; lógico, se considerarmos que todos serão pagos. As ações por sua vez não têm um fluxo de caixa garantido.

O habitante do Estado da Ilha o interrompeu novamente:

— Como assim, professor?

— Veja, quando você compra uma ação não tem assinado em lugar nenhum os valores que você receberá. Você só receberá algum dinheiro se a empresa der lucro, e esse fluxo vai depender de quanto resultado ela deu. Então, seu fluxo de caixa nas ações pode ser pequeno ou grande. Ou pode nem haver fluxo — afirmou o professor.

— Agora entendi — disse o habitante do Estado da Ilha. — A dívida tem um fluxo de caixa estável e a ação tem um fluxo de caixa instável.

— Exato — afirmou o professor. — E esse é só um dos motivos. Mas não vou complicar, ele sozinho basta para você entender por que as ações são mais arriscadas.

— Mas e se quem emitiu esse título de dívida não pagar? — perguntou confuso o atento aprendiz.

— Eu disse que tem um risco menor, não disse que não tem risco — pontuou o professor. — O risco é a empresa que emitiu a dívida não pagá-la. É por isso que o investidor deve ser criterioso ao comprar um título de dívida privada.

— E esse gestor profissional compra esses títulos para o Fundo, professor? — perguntou o habitante do Estado da Ilha.

— Às vezes sim, mas pouco. Ele prefere mesmo é comprar os títulos de dívida pública — respondeu o professor.

— Poxa, professor, quando acho que estou entendendo tudo, o senhor vem com uma nova. Que títulos públicos são esses? — perguntou ele.

— É que você não se lembra, falamos sobre isso no passado quando nos conhecemos. Esqueceu que o Estado pega dinheiro emprestado da população? — perguntou o professor.

— Para ser sincero não me lembro bem, professor — disse, sem graça, o habitante do Estado da Ilha.

— Vamos lá, vamos refrescar a memória — disse com um sorriso no rosto o professor da Ilha do Norte. — O governo gastou mais do que tudo aquilo que arrecadou de impostos da população. Então, como qualquer um de nós, ele precisa pegar dinheiro emprestado para pagar essa diferença. Aqui na Ilha do Norte mesmo, chamamos essa diferença de déficit orçamentário. Ou seja, o governo gastou mais do que o orçamento que ele tinha.

— Ah... E, assim como as empresas emitem os títulos de dívida privada, o Estado emite os títulos de dívida pública — mostrou logo o seu entendimento o habitante do Estado da Ilha. — Mas por que o gestor prefere os títulos da dívida pública, professor? — emendou.

— Porque não têm risco nenhum — respondeu o anfitrião.

— Ah não, de novo isso — resmungou o hóspede do professor. — Achei que tinha entendido, e lá vem o senhor com uma nova...

— Você vai entender, essa é fácil — afirmou o professor. — Por que uma empresa deixa de pagar sua dívida?

— Ué, porque não tem dinheiro — respondeu o habitante do Estado da Ilha.

— E por que o Estado deixaria de pagar a sua dívida? — perguntou novamente o professor.

— Ué, porque não tem dinheiro também — respondeu novamente o habitante do Estado da Ilha.

— E quem fabrica o dinheiro? — o professor foi apertando o seu interlocutor.

— Ué, o Estado. Espera aí! Nossa, agora entendi, que burro que sou — respondeu rindo o habitante do Estado da Ilha.

— Viu? Não disse que era simples? — complementou o professor. — Se tivesse uma máquina de fabricar dinheiro na sua casa, você deixaria de pagar alguém?

— Claro que não, né, professor.

— Então, por isso que o mercado considera os títulos de dívida pública os de menor risco. Em teoria, são considerados livres de risco. Risco de crédito, não se esqueça — fez questão de frisar o professor.

— E, quando o fundo é de ações, o gestor deixa uma parte nesses títulos, não é, professor? Para fazer frente a alguma necessidade, um pedido de resgate, ou despesa — disse o habitante do Estado da Ilha.

— Exato — respondeu o professor. — Como eles são livres de risco, todo mundo compra esses títulos públicos. E, por isso, eles têm muita liquidez. Mas lá na Ilha do Leste eles criaram fundos de investimentos especializados nesses títulos também. São chamados de fundos de renda fixa. Muitas pessoas colocam quase todo seu patrimônio em títulos de dívida pública, pois são os menos arriscados e, consequentemente, os mais procurados.

— Qual o trabalho dos gestores desses fundos, professor? — perguntou o habitante do Estado da Ilha. — O de ações eu compreendo: esse profissional que o senhor falou tem que escolher as empresas em que vai investir. O trabalho desse gestor de renda fixa não é só comprar os títulos?

— Pode parecer simples, mas nem tanto — respondeu o professor. — Para conseguir dinheiro no mercado, o Estado tem que emitir títulos para todos os gostos, ou seja, os investidores são diferentes e têm necessidades diferentes. Assim, para conseguir satisfazer todos os investidores e captar o dinheiro que precisa, o Estado emite vários tipos de títulos de dívida.

— Como assim, vários? Não é só um, e pronto? — interrompeu o habitante do Estado da Ilha.

— A forma de remunerar o investidor é diferente — respondeu o professor. — Em um, ele promete pagar a taxa de juros que ele próprio estabelece como meta. Por isso, é chamado de pós-fixado, pois o investidor vai receber essa taxa acumulada lá, quando vencer a dívida. Um outro, é o inverso, chamado de prefixado. Nesse caso, quando o investidor compra o título, ele já sabe quanto vai receber no vencimento. Tem um que é uma mistura — uma parte prefixada e outra pós-fixada — ou seja, a parte prefixada o investidor sabe quanto será no vencimento, e a parte pós-fixada ele só saberá no vencimento.

— Nossa, professor, não é tão simples mesmo — concordou com os olhos esbugalhados o habitante do Estado da Ilha.

— Você lembra que falei há pouco que ele era livre de risco? — perguntou o professor.

— Sim, mas o senhor fez questão de reforçar que é risco de crédito — respondeu o ouvinte atento do professor.

— Exato. Se o investidor carregar esses títulos até o vencimento, não há risco nenhum. Mas se precisar vender ao longo do caminho, ou seja, antes do vencimento, ele estará exposto ao risco de mercado.

— E que risco é esse, professor? — interrompeu o habitante do Estado da Ilha.

— Como esses títulos são negociados todos os dias, quem define o seu preço é o mercado — respondeu o professor. — Por isso é chamado de risco de mercado. E os preços mudam toda vez que mudam as expectativas da economia da ilha. Porque, se muda o cenário econômico, muda a expectativa das taxas de juros, e são essas taxas que remuneram os títulos de dívida pública.

— Caramba! Esse negócio de aprender a investir, além de uma ciência é também uma arte — constatou suspirando o habitante do Estado da Ilha.

CAPÍTULO 20

COMO A ECONOMIA IMPACTA OS MERCADOS

Um novo dia amanhecera, e o habitante do Estado da Ilha acordou muito triste. Havia chegado a hora de se despedir da Ilha do Norte e de seu grande amigo, o professor — que tanto lhe ensinou e ainda ensina.

Durante o café da manhã, o clima era de desânimo e tristeza. O professor, notando o baixo-astral do seu hóspede e amigo, quebrou o silêncio fúnebre que dominava o ambiente:

— Meu amigo, sei como você se sente porque também passo por isso sempre que me despeço de você lá no Estado da Ilha. Espero que sua estadia aqui em casa e na Ilha do Norte tenha sido agradável e proveitosa.

Com a voz embargada, o hóspede do professor lhe dirigiu umas palavras:

— Professor, o senhor sempre foi muito sábio, simpático e agradável. Estou triste por ter que deixá-lo mais uma vez. Meus dias ao seu lado são sempre de muito crescimento intelectual e cultural. Não existem palavras que possam expressar minha gratidão pela sua generosidade em me ensinar de forma tão agradável e gratuita.

Neste momento, é o professor que interrompe o habitante do Estado da Ilha.

— Meu amigo, para mim será sempre um prazer poder ser útil com os meus conhecimentos. Sua companhia é muito agradável e poder ensiná-lo me mantém ativo intelectualmente. Na minha idade é revigorante poder ter alguém com quem conversar assuntos tão ricos, como a economia e os mercados. Mas vamos lá, no caminho até o cais do porto ainda temos um tempo para ser aproveitado.

O habitante do Estado da Ilha então se levanta, pega suas malas e se dirige ao portão da casa ao lado do professor.

— Professor — diz ele já caminhando pelas ruas da Ilha do Norte —, como senhor bem lembrou, desde que nos conhecemos tudo que sei sobre economia e mercados aprendi com o senhor. Nossas conversas sempre foram verdadeiras aulas. E em cada uma delas pude entender, de forma cristalina, os conceitos pelo senhor ensinados. Porém, quero aproveitar estes últimos momentos juntos para conectar cada ensinamento que o senhor me passou, cada conceito de economia e de finanças. Ainda não sou capaz de fechar um raciocínio claro de como eles estão interligados.

— Como o quê, por exemplo? — perguntou o professor.

— Quase tudo — respondeu o habitante do Estado da Ilha, deixando escapar o primeiro sorriso daquele dia triste. — Ontem eu entendi, mas fiquei um pouco intrigado quando o senhor falou sobre o impacto das taxas de juros no preço e no rendimento de um título público. Sei que não temos muito tempo, mas gostaria de entender o que influencia as taxas de juros e como isso impacta os mercados.

— Está bem, tentarei resumir para caber nesse tempo que temos até o seu embarque de volta ao Estado da Ilha — disse o professor. — Vamos lá. Você precisa prestar atenção porque vamos repassar vários ensinamentos de economia para podermos entender os mercados e como eles se comportam.

— Ok, professor. Prometo prestar atenção e tentar não interromper — ponderou o habitante do Estado da Ilha.

O professor então iniciou a caminhada de despedida repassando e explicando tudo o que o habitante do Estado da Ilha tinha aprendido até então, para que ele entendesse como a economia impacta os mercados.

— Qual é o objetivo de todos nós? — perguntou o professor.

— Viver bem — respondeu o habitante do Estado da Ilha.

— E do que precisamos para viver bem? — perguntou novamente o professor.

— Ganhar bem — essa o habitante do Estado da Ilha respondeu rindo.

— E o que é preciso para ganhar bem? — continuou perguntando o professor, claramente adotando um interrogatório como estratégia didática para o entendimento ser mais fácil.

O habitante do Estado da Ilha não foi tão rápido nessa resposta. Demorou alguns segundos, e respondeu com outra pergunta:

— Trabalhar mais, professor?

— Não tenha medo de responder — disse o professor. — Eu não diria trabalhar mais. O correto seria trabalhar melhor. Você sabe a diferença?

— Eu até sei. O senhor me ensinou, lá nas primeiras conversas, mas faz tanto tempo que não me recordo exatamente o que é.

— Trabalhar melhor é quase o inverso de trabalhar mais. Diria que é fazer mais trabalhando o mesmo período tempo — respondeu o professor.

— Ah... lembrei! Produtividade! — disse o habitante do Estado da Ilha.

— Isso. Para ganhar mais você precisa ser mais produtivo, ser cada vez melhor no desempenho do seu trabalho. Entendido isso, vamos expandir para a economia da ilha como um todo. Para toda a sociedade ganhar mais, é preciso que a economia da ilha seja mais produtiva. Sendo mais produtiva, a economia cresce e, junto com isso, cresce todo mundo. Como gerar mais empregos com melhores salários se a economia da ilha não crescer?

— É verdade — constatou o habitante do Estado da Ilha. — E o que é preciso para a economia ser mais produtiva?

— O que você acha? — o professor devolveu a pergunta.

— Seguindo o seu raciocínio, professor, acho que a ilha precisa fazer mais com o mesmo tempo.

— Sim. Vamos apenas ajustar as palavras. A ilha precisa fazer melhor com os mesmos recursos — ponderou o professor.

— E como fazer isso? — retrucou o habitante do Estado da Ilha.

— A produtividade depende dos fatores de produção, lembra? — provocou o professor.

— Os fatores de produção são Terra, Capital e Trabalho — lembrou satisfeito o atento aluno.

— Isso. Você se lembra do plantador de coco com a sua escada, ou do pescador com o seu barco? Vamos substituir Terra, Capital e Trabalho por tecnologia, dinheiro e mão de obra; é o mesmo conceito nos dias de hoje. A escada, ou o barco, é a tecnologia. O dinheiro é o que foi necessário para eles desenvolverem essa tecnologia, e a mão de obra já é explicada por si só. Então, vamos lá. Uma economia precisa crescer para que a sociedade cresça e se sinta cada vez melhor. Para a economia crescer, ela precisa ser mais produtiva. E, para ser mais produtiva, ela precisa de tecnologia; e para ter mais tecnologia, ela precisa ter dinheiro.

— E a mão de obra? — interrompeu o habitante do Estado da Ilha.

— A mão de obra precisa ser cada vez mais qualificada para poder utilizar cada vez mais tecnologia e, assim, ser mais produtiva

— respondeu o professor. — E para ser mais qualificada precisa ter cada vez mais educação.

— Nossa... Tudo começa a fazer sentido. Estou conseguindo ligar os pontos, professor — afirmou satisfeito o habitante do Estado da Ilha. — Deixe-me resumir até aqui, só para ver se estou entendendo mesmo.

E assim ele resumiu suas ideias:

— Para a economia crescer, todos nós, trabalhadores e empresas, precisamos ser mais produtivos. E, para sermos mais produtivos, é preciso ter mais dinheiro para investir em tecnologia e educação. Mas como fazer isso, professor?

— É aí que o Estado também precisa ser mais produtivo — provocou o professor. — Veja bem: o Estado cobra impostos de toda a sociedade a fim de que ele tenha recursos para colocar em prática todas as políticas públicas. Ele precisa ser eficaz na condução dessas políticas. São várias, mas vamos pegar essas essenciais que citamos até agora — ciência, tecnologia, educação e saúde.

— Saúde não tínhamos citado, professor — interrompeu o habitante do Estado da Ilha.

— Nem precisa, não é mesmo? Nunca ouviu o ditado que o que importa é saúde, o resto a gente corre atrás? Ou, do que adianta ciência, tecnologia e educação se não se tem saúde?

— Desculpe minha ignorância, professor. Deveria ter ficado calado — respondeu de cabeça baixa o envergonhado habitante do Estado da Ilha.

— Continuando — disse o professor —, o Estado precisa garantir saúde e educação para toda a sociedade. Isso é o básico. E a presença do Estado nos investimentos em ciência e tecnologia é muito importante. Isso porque eles como são de longo prazo, e muitas empresas não têm capacidade de fazê-los porque, como o retorno também é no longo prazo, muitas nem sobrevivem até lá.

— Mas isso parece simples. Por que o Estado não cumpre esse papel? — perguntou o habitante do Estado da Ilha.

— Porque ele costuma se perder no caminho — respondeu o professor. — O Estado acaba se perdendo nos seus objetivos e acredita que o fim é ele mesmo, e não a sociedade.

— Como assim, professor?

— Ele se perde a ponto de cobrar impostos demais apenas para sustentar sua própria estrutura e não para devolver benefícios econômicos para a toda a sociedade. E é aqui que começam todos os problemas. Agora acompanhe meu raciocínio — o professor chamou a atenção do habitante do Estado da Ilha. — O Estado não cumpre seu papel essencial nas áreas de ciência, tecnologia, educação e saúde; apenas para citar algumas, pois existem várias outras. Além de não cumprir esse papel, ele acaba por inventar outros não tão essenciais. E para sustentar todos esses papéis, essenciais e não essenciais, ele precisa de cada vez mais recursos.

— Quem quer fazer tudo não faz nada direito, não é, professor? — desta vez o habitante do Estado da Ilha falou de modo incisivo.

— Exato — disse o professor. — Não faz nada direito e para fazer tudo malfeito ainda cobra mais impostos da sociedade. Até aqui você entendeu bem. Mas qual é o grande problema disso tudo?

— Ih... agora complicou. Acho que são vários, mas não saberia dizer precisamente qual seria o grande problema — respondeu o habitante do Estado da Ilha.

— O grande problema é um conceito básico em economia — provocou o professor. — Os recursos são escassos. Até porque a economia é o estudo da escassez. Veja a grande enrascada em que o Estado está metido, levando em conta apenas esse conceito básico, por meio de apenas duas observações. Quando ele cobra mais impostos, está tirando os recursos de trabalhadores e empresas. E, como ele é ineficaz, sempre precisará pegar mais dinheiro emprestado de toda a sociedade. Ou seja, primeiro tira via impostos, e depois tira os recursos disponíveis para investimentos produtivos a fim de financiar a sua dívida.

— Entendi, professor. Assim, além de a economia não crescer, ela praticamente se atrasa — constatou o habitante do Estado da Ilha. — Mas como isso impacta os mercados e os nossos investimentos?

— Agora vem a dinâmica que você precisa entender bem — disse o professor. — Se a economia não cresce, as empresas não crescem, os empregos não crescem, e nem os salários. Assim, a arrecadação do Estado diminui, mas seus gastos não param de crescer. Lembre-se de que quase sempre o Estado precisa de recursos apenas para se sustentar, não para devolver benefícios para a sociedade.

"Se a arrecadação diminui e os gastos não, o Estado precisa pedir mais dinheiro emprestado, aumentando cada vez mais a sua dívida e ficando cada vez mais arriscado. Se ele oferece mais risco ao mercado, precisa pagar mais juros para conseguir mais dinheiro emprestado. Olha aí a famosa taxa de juros. Ela aumenta porque o risco do Estado aumenta. Em dado momento, ele passa a ter dificuldades para rolar a dívida, ou seja, pagar aquela que está vencendo e emitir uma nova. E, para pagar a dívida vencida, ele imprime dinheiro. Lembra que ensinei sobre dinheiro e inflação?

"Assim, quando injeta mais dinheiro na economia, ele está pressionando a demanda e gerando inflação. E o que o Estado faz para controlar a inflação? Aumenta a taxa de juros. Então sempre que a percepção de risco da dívida do Estado aumenta, ou a expectativa de inflação aumenta, as taxas de juros aumentam. E a oscilação da taxa de juros afeta todo o mercado. Pelo lado dos investidores, a taxa de juros impacta o preço dos títulos de dívida pública, como aprendemos ontem. Como todos os títulos de dívida privada, ou seja das empresas e dos bancos, seguem os títulos públicos, eles também serão afetados. Quando olhamos para as ações de empresas, elas também são impactadas, pois juros altos quer dizer que mais recursos serão atraídos para os títulos do Estado e assim sobrará menos para produção na economia."

— Nossa, professor. Essa engrenagem da economia tem que estar sempre bem lubrificada, ou seja, calibrada, se não a bicicleta cai, né? — interrompeu o habitante do Estado da Ilha dando um tempo para o professor respirar.

— Exato. É o cenário da tempestade perfeita — continuou o professor. — Mesmo com dinheiro, o Estado não investe nas políticas essenciais e, assim, a economia não se torna mais produtiva e não cresce. Economia que não cresce torna o Estado, as empresas e as pessoas cada vez mais endividadas, e dívida é risco. Quanto mais risco, mais necessidade de juros altos, e juros altos travam cada vez mais a economia; com a economia travada, os mercados travam; os mercados estando travados fazem com que as empresas não cresçam e, consequentemente, suas ações tendem a se desvalorizar.

— E os títulos de renda fixa?

— Esses ficam com os preços muito voláteis, o que traz muitos riscos para quem investe neles. Enfim, espero que este resumo não tenha sido muito complicado para você, meu amigo — disse o professor finalizando a explicação.

— Não, professor. Consegui acompanhar o seu raciocínio. Tudo graças aos seus ensinamentos básicos de economia lá atrás. E, lógico, aos que me passou nesta estadia atual — disse o habitante do Estado da Ilha agradecido.

— Realmente, é muito importante entender tudo isso para ser um bom investidor — disse ele. — Mas como ajudar a mudar essa dinâmica para que ela deixe de ser viciosa e se torne virtuosa? — perguntou o professor.

— Hum... não sei — respondeu sem graça o habitante do Estado da Ilha.

— O grande ensinamento de hoje foi que o Estado quase sempre atrapalha, mas ele é necessário. Podemos torná-lo uma ajuda e não um peso. Entender de economia e finanças é importante. Mas formar e eleger bons homens públicos é muito mais. Ser um bom investidor é muito bom, mas é algo egoísta. Pense que, para ser um bom cidadão, você precisa ser bom para a sociedade como um todo e não só para si próprio. E isso só é possível entendendo de política também. Renegá-la como faz a maioria, é deixar o mal prevalecer sobre o bem.

Assim, o professor embarcou seu reflexivo hóspede e amigo no barco que o levaria de volta ao Estado da Ilha.

BIBLIOGRAFIA

MANKIW, N. Gregory. *Introdução à Economia — Tradução da 3ª edição norte-americana.* São Paulo: Cengage Learning, 2005.

KOBORI, José. *Análise Fundamentalista.* 2ª Edição. Rio de Janeiro: Alta Books, 2018.

LOCKE, John. *Segundo Tratado sobre o Governo Civil.* São Paulo: EDIPRO, 2014.

HARARI, Yuval Noah. *Sapiens: Uma Breve História da Humanidade.* Porto Alegre: L&PM, 2015.

NOTA

1 Taxa de Câmbio — O objetivo deste livro é transmitir de maneira simples, didática e objetiva temas que aparentemente são complexos, mas que podem ser explicados de forma a atingir o maior número de pessoas, independentemente da sua formação. Os ensinamentos aqui não são direcionados a economistas.
Para explicar sobre como se estabeleceram as primeiras taxas de câmbio de forma objetiva, seria preciso discorrer sobre a teoria quantitativa da moeda, paridades definidas pelas reservas de ouro, déficit ou superávit na balança de pagamentos. Além disso, teríamos que passar pela história da 1ª Guerra Mundial, da grande depressão, da 2ª Guerra Mundial (quando a Inglaterra esgotou suas reservas de ouro e fez com que Winston Churchill não mais retornasse ao padrão-ouro); e passar pelos acordos de Bretton Woods e como os custos da Guerra do Vietnã fizeram com que os Estados Unidos abandonassem de vez o padrão-ouro em 1971. Para transmitir entendimentos sobre o preço da moeda, seria preciso falar sobre teorias do valor presente dos fluxos de liquidez, passando pelas equações matemáticas com derivadas e integrais ou pelo sistema dinâmico de duas equações diferenciais. Mesmo aprendendo sobre tudo isso, esse assunto é um desafio ainda não resolvido pela teoria monetária dos economistas.
Para poupar o leitor dessa chatice toda, utilizarei nossas bananas na ilha — isso será bem mais didático e agradável.

ÍNDICE

A

Ações 91, 97, 116, 133, 143
Acordo comercial 47
Agentes econômicos 49
Alavancagem financeira 106
Ambiente macroeconômico vii
Atividades de subsistência 8
Auditoria 126
Aumento da produção 33
Autossuficiência 38, 40

B

Banco 5
Bolha especulativa 101
Bolsa de valores 93

C

Capacidade produtiva 63
Capital 67, 69, 83
  acumulação de 70
  estoque de 70
  Físico 65
  Humano 65
Ciclo virtuoso 76
Ciência
  econômica vii, 71
  exata 74
  social 74
Comércio 39, 49, 60, 62
Conhecimento tecnológico 65

Consumo corrente 70
Contrato
  de empréstimos 81
  de opção 118
  futuro 112
Corretores 95
Crescimento econômico 70
Criatividade 34
Crise econômica 14
Custo de oportunidade 52, 54

D

Déficit 25
  orçamentário 9, 134
  primário 13
Desabastecimento 15
Desaceleração da economia 81
Descontrole das despesas do Estado 28
Despachantes 94
Dívida pública 6, 10, 31, 131
Dívidas 82

E

Economia sustentável 75
Educação 66, 71, 141
Empreendedorismo 5, 98
Empréstimos 4, 89, 132
Escambo 3, 8

147

Espírito empreendedor 8, 32
Estado 8, 26, 142
  despesas do 9
Evolução do mercado 5
Excedente de produção 4

F

Fatores de produção 33, 69, 75, 140
  capital 33, 140
  terra 67, 140
  trabalho 33, 67, 83, 140
Fluxo de caixa 132
  estável 133
  instável 133
Fundo de investimento 126, 130
  de renda fixa 135

G

Ganância 103

I

Impostos 4, 9, 26, 134, 141
Inflação 11, 14, 19, 21, 24, 29, 143
  expectativa de 143
Inovação 34
Investimento 71, 74, 123
  coletivo 126

J

John Locke 3
Juros 81, 143

L

Liberdades individuais 26
Limite
  da produção 34
  do consumo 34
Liquidação 112

Liquidez 99, 102, 135
  excesso de 12
Lucros 81, 98, 127
  potenciais 89

M

Magnitudes de capital 5
Mão de obra 140
Máquina pública 10
Mecanismo de multiplicação do dinheiro 21
Mercado
  de ações 98, 109, 115
  de capitais 97
  de derivativos 116, 119
  de financiamento 88
  financeiro 102
  futuro 108, 110, 112
Minimizar prejuízos 110
Moeda 3, 8
  criação da 4
  criação de 21
  de curso forçado 3

N

Natureza humana 74
Negociação de ações 93

O

Oferta e demanda 110
Opção de compra 120

P

Padrão de vida 64
Padrão-ouro 18
Pânico 103
Papel-moeda 76
Paridade de Poder de Compra (PPC) 17
PIB 64
Poder de compra 3, 14, 17, 20

Políticas públicas 141
Possibilidades de produção 43
Poupança 4, 32, 71, 74
Prazos 5
Preço
  à vista 120
  de exercício 120
Preferências de consumo 43
Pregão 95
Prejuízo 111, 127
Prêmio da opção 120
Presunção 103
Produção
  fatores de 66
  total 63
Produtividade 34, 52, 61, 83, 110, 139
  aumentar a 69
  aumento da 64
  determinantes da 65
  futura 70
Propriedade privada 8
  garantia da 3, 26

R

Recessão econômica 11
Recursos 81, 140
  de longo prazo 97
  naturais 65
  ociosos 6
Regras 125
  de segurança 3
Renda total 64
Rentabilidade 88, 121
Responsabilidade 125
Retorno 90
  oportunidade de 98
Riscos 5, 32, 85, 98, 116, 132
  de crédito 136
  de mercado 136
  minimizar os 117
Rolagem da dívida 10

S

Salário 9
Saldo líquido 9
Saúde 141
Segurança 125
Servidores públicos 6
Subsistência 32

T

Taxa
  básica de juros 12
  de câmbio 16
  de fertilidade 8
  de juros 4, 12, 14, 82, 135, 138
Tecnologia 83, 140
Títulos
  de dívida 6, 132, 135
    pós-fixados 135
    prefixados 135
    privada 133, 143
    pública 133, 143
  de renda fixa 144
Trade-off 70
Transparência 125
Três poderes 3
  Executivo 3
  Judiciário 3
  Legislativo 3
Tributos 6

V

Vantagem
  absoluta 52
  comparativa 52, 58

Z

Zerar a posição 113

Impressão e Acabamento | Gráfica Viena
www.graficaviena.com.br